传统文化视域下的当代大学生思想政治教育研究

杨康贤　著

西北工業大學出版社
西　安

【内容简介】 本书以马克思辩证唯物主义、历史唯物主义为指导，分别从中华优秀传统文化的基本育人资源与时代价值、大学生思想政治教育概述、中华优秀传统文化融入高校思想政治教育的基本问题、融入大学生思想政治教育的策略、在大学生思想政治教育工作中的应用与实践，以及新时代中华优秀传统文化融入高校思想政治教育的实践创新等方面展开讨论。本书立足新时代，结合当前国家对中华优秀传统文化的战略定位和对高校思想政治教育的系列战略部署展开研究，具有一定的理论和实践意义，可供从事高校思想政治教育工作的人员借鉴和参考。

图书在版编目(CIP)数据

传统文化视域下的当代大学生思想政治教育研究 / 杨康贤著. — 西安 ：西北工业大学出版社，2022.12

ISBN 978 - 7 - 5612 - 8604 - 3

Ⅰ.①传… Ⅱ.①杨… Ⅲ.①大学生－思想政治教育－研究－中国 Ⅳ.①G641

中国版本图书馆 CIP 数据核字(2022)第 233683 号

CHUANTONG WENHUA SHIYUXIA DE DANGDAI DAXUESHENG SIXIANG ZHENGZHI JIAOYU YANJIU

传统文化视域下的当代大学生思想政治教育研究

杨康贤 著

责任编辑：李 欣 策划编辑：张 晖
责任校对：王心利 装帧设计：董晓伟
出版发行：西北工业大学出版社
通信地址：西安市友谊西路 127 号 邮编：710072
电 话：(029)88491757，88493844
网 址：www.nwpup.com
印 刷 者：西安五星印刷有限公司
开 本：710 mm×1 000 mm 1/16
印 张：10
字 数：180 千字
版 次：2024 年 1 月第 1 版 2024 年 1 月第 1 次印刷
书 号：ISBN 978 - 7 - 5612 - 8604 - 3
定 价：68.00 元

前　言

中华优秀传统文化是中华民族的根与魂，蕴含着最深层的精神追求和独特的精神标识。面对这样源远流长的思想文化宝藏，我们“要坚持古为今用、推陈出新，有鉴别地加以对待，有扬弃地予以继承，努力用中华民族创造的一切精神财富来以文化人、以文育人”（习近平在2014年2月24日中共中央政治局第十三次集体学习时的讲话）。《完善中华优秀传统文化教育指导纲要》《关于实施中华优秀传统文化传承发展工程的意见》等重要文件先后印发，进一步强调“加强中华优秀传统文化教育，对于引导青少年学生更加全面准确地认识中华民族的历史传统、文化积淀、基本国情，认清中国特色社会主义的历史必然性，坚定走中国特色社会主义道路、实现中华民族伟大复兴中国梦的理想信念，具有重大而深远的历史意义”，明确要求要围绕“立德树人”根本任务，“把中华优秀传统文化全方位融入思想道德教育、文化知识教育、艺术体育教育、社会实践教育各环节”，并贯穿国民教育各个阶段、各个领域。由此可见，深刻认识中华优秀传统文化“培根铸魂、启智润心”的重要意义，将其融入高校思想政治教育，既是落实“立德树人”根本任务的内在要求，也是开展高校思想政治教育的题中之义，更是传承民族精神血脉，汲取丰厚的历史文化滋养，坚定文化自信，培育新时代全面发展的中国特色社会主义合格建设者和可靠接班人的重要支撑。因此，本书立足当今时代背景，以传统文化视域下的当代大学生思想政治教育为研究主题。

本书以马克思辩证唯物主义、历史唯物主义为指导，遵循思想政治教育理论规律，综合运用文献研究法、历史与逻辑相统一方法、理论联系实际的方法、调查研究法等研究方法，按照凝练研究主题、阐述主要概念、开展前提性分析、提出总体性策略、总结实践性经验、探索创新实践路径模式的思路，以中华优秀传统文化的培根铸魂功能与思想政治教育文化属性为二者相通相融的逻辑起点，从新时代中华优秀传统文化与高校思想政治教育创新发展的辩证统一、共生共进关系视角出发，分别从中华优秀传统文化的育人资源与时代价值，大学生思想政治教育概述，中华优秀传统文化融入高校思想政治教育的基本问题、融入大学生思想政治教育的策略、在大学生思想政治教育工作中的应用与实践，以及新时代中华优秀传统文化融入高校思想政治教育的实践创新等方面展开讨论。

笔者在写作过程中，借鉴了很多相关研究成果，在此对有关学者表示诚挚的感谢。

因水平所限，书中难免会存在不足之处，恳请广大读者批评指正。

杨康贤

2022 年 5 月

目　录

第一章　中华优秀传统文化的育人资源与时代价值

“文化是民族生存和发展的重要力量。人类社会每一次跃进，人类文明每一次升华，无不伴随着文化的历史性进步。”中国共产党十分重视中华优秀传统文化的存续和发展，对传承中华优秀传统文化进行了全面、系统、深刻的理论探索与实践，从宏大的历史视野和战略全局出发，高度强调优秀传统文化在未来发展中所具有的坚定理想信念、凝聚民族精神、提供智力支持等多方面重要价值，并将其广泛、生动、有效地运用于人民的生产生活、党和国家的发展建设、国际关系的处理，乃至人类共同命运的探讨等各个方面，赋予数千年传承的传统文化以崭新的时代内涵，彰显了积淀数千年的民族文化所具有的深厚的历史价值和突出的时代价值，为世界和平与发展贡献了智慧和力量。事实充分证明，中华优秀传统文化对提升文化自觉、坚定文化自信、推进文化自强具有重要作用。在当今时代，中华优秀传统文化也是培育担当民族复兴大任的时代新人不可或缺的重要历史文化根脉。习近平总书记指出，“要讲清楚中华优秀传统文化的历史渊源、发展脉络、基本走向，讲清楚中华文化的独特创造、价值理念、鲜明特色，增强文化自信和价值观自信”。继承与弘扬中华优秀传统文化，充分发挥其“培根铸魂、启智润心”的育人作用。

第一节　中华优秀传统文化概述

纵观上下五千年的历史长河，源远流长的中华优秀传统文化犹如一条随着历史蜿蜒起伏的丝带，以物质、制度、艺术、知识等多种形式赓续演进，积淀了独特的思想理念、价值体系、道德伦理等，凝聚了中华民族生生不息的精神力量，形成了独具民族特色的精神血脉。“中华优秀传统文化已经成为中华民族的基因”，融入每一个中国人的内心，影响着中国人的思想和行为，成就了如今伟大的中华民族。

一、中华优秀传统文化的基本内涵

“文化是一个国家、一个民族的灵魂。”任何一个国家、民族的文化都有其发生、发展的历史。中华民族的文化也是如此。在这里，我们要讨论将中华优秀传统文化运用于当今高校思想政治教育以文化人、以文育人的实践中，就要首先厘清相关概念的基本内涵。

(一)中华传统文化

传统文化是历史积淀的结晶，但却不仅仅是陈列在博物馆里的展览品或排列在书架上的古代典籍，其所蕴含的思维方式、价值观念、行为准则等既具有继承性，也具有发展性，是人类想象力和创造力的历史呈现，更是闪烁着思想光芒和智慧魅力的生命体。可以说，传统文化“是人类文化继续发展的台阶”，也是导航者和引路人。

中华民族传承的文化遗产凝结在“独具特色的语言文字，浩如烟海的文化典籍，嘉惠世界的科技工艺，精彩纷呈的文学艺术，充满智慧的哲学宗教，完备深刻的道德伦理”①中，体现出中华民族之生活态度与精神风貌，展示出传统文化之丰富内涵。我们可以将中华传统文化归纳为以下几个主要方面。一是物质文化。中国古代的数学、天文、农耕、医术、造纸、印刷、建筑、园林等诸多方面在当时均已达到或超越世界一流水平，取得了辉煌成就。二是精神文化。在历史发展中，中华民族以儒、释、道以及诸子百家思想为主要内容形成了独具特色的价值观念、道德规范、思维方式、审美趣味、宗教信仰、民族性格等，表达了人们对精神世界的追求，其中的思想精华经过代代相传已经穿越历史成为现代文化的重要组成部分。三是制度文化。中国古代社会形成了以“家国同构”为特征、以血缘宗法关系为纽带的一系列制度，进而发展成为较为严密的制度系统，深刻地影响着社会发展、国家进步。四是行为文化。这主要是指人们在日常生活中形成的行为方式或行为模式等，如服饰文化、饮食文化、民居文化、岁时节令、风俗民情等，集中反映了人们日常心理和社会意识，因而也是其重要组成部分。总之，中华传统文化可以理解为是以中华民族为主体，在世代传承的民族生活繁衍中积淀凝聚而

---

① 张岱年，方克立. 中国文化概论[M]. 修订版. 北京：北京师范大学出版社，2004：7.

成，是包括物质文化、精神文化、制度文化、行为文化等相互影响的不同层面的具有民族特色的比较稳定的文化形态的历史与实践的结晶。在历史传承中，中华传统文化不断发展、演进，取得了无比辉煌的成就，为中华文明乃至整个人类文明都做出了巨大的贡献。

中华传统文化是先辈们传承下来的丰厚遗产，然而，由于两千多年封建社会的影响其中不可避免地夹杂着封建腐朽观念和文化糟粕。这就要求我们在认识和理解中华传统文化时必须科学客观地加以辨识和区分，在继承与弘扬时要学会有批判地继承和有甄别地弘扬。

（二）中华优秀传统文化

中华优秀传统文化是在五千年的历史传承中孕育的，“积淀着中华民族最深沉的精神追求，代表着中华民族独特的精神标识，是中华民族生生不息、发展壮大的丰厚滋养”①。具体说来，它既包括“仁者爱人，立已达人”的关爱，也包括“天下兴亡，匹夫有责”的家国情怀；既包括以爱国主义为核心的民族精神，也包括正心笃志、崇德尚善的人格追求。它以经史典籍、文学艺术、礼仪制度等多种形式为载体，生动鲜活地体现着中华民族的精神气度与突出优势，不仅促进了中华文明的延续和发展，更对人类文明和社会进步发挥了重要作用。陈先达教授曾指出，“一种文化的生命力不是抛弃传统，而是在何种程度上吸收传统、再造传统。”②中华文化无疑是最具有生命力的文化。这是因为其跨越数千年，历史悠久，却能一脉相承，绵延至今，在整个人类文明史上独一无二，时至今日，依旧能为我们提供强大的精神滋养。“欲流之远者，必浚其泉源。”当今时代，推进中国特色社会主义文化的发展繁荣也必将从中华优秀传统文化的丰富内涵中汲取营养。笔者正是从这样一个广泛的意义上，展开对中华优秀传统文化的相关论述。

二、中华优秀传统文化的发展脉络

追溯过去，探究渊源，从历史的角度来考察中华优秀传统文化发展脉络。早在远古时期，生活在中华大地上的先民们用智慧和汗水点燃了具有

---

① 关于实施中华优秀传统文化传承发展工程的意见[N]. 人民日报，2017－01－26(6).

② 陈先达. 文化自信中的传统与当代[M]. 北京：北京师范大学出版社，2017：51.

地域特色的文化火种。伴随着不同文化间的交流与碰撞，各种文化互相学习与借鉴，在不断丰富和完善中最终汇入中华文化的河流，形成了如大江奔流般的恢宏气势和源远流长的人文滋养。回顾中华文化悠远的发展历程，对于我们更深入地理解和弘扬优秀传统文化有着重要意义。

(一)远古中华文明孕育传统文化开端

在中国古代神话传说中，盘古开天辟地，创造了人类世界，以炎、黄两族为代表的原始氏族部落经过融合发展，成为华夏民族。炎帝和黄帝作为中原部落的两位首领，被认为是中华民族的人文始祖。这些传说经过古代学者的文字加工，体现在古代典籍之中，如《史记》就从开篇叙述中华历史，"黄帝者，少典之子，姓公孙，名曰轩辕。生而神灵，弱而能言，幼而徇齐，长而敦敏，成而聪明。"这些传说开启了中华优秀传统文化的人文开端。

从考古学的视角看，在文字产生以前的远古时期，广袤而富饶的中国大地孕育了人类。从元谋人、蓝田人，到北京山顶洞人，构成了一个从猿到人的完整演进轨迹，中华古代文化就在这一过程中逐渐萌生并发展起来。火是在人类生产生活中极其重要的能源。恩格斯认为："就世界性的解放作用而言，摩擦生火还是超过了蒸汽机，因为摩擦生火第一次使人类支配了一种自然力，从而最终把人同动物界分开。"①此时的文化也可以从对火的使用角度进行探寻。据历史考证，距今几十万年的北京猿人已经掌握了火的使用，能够保存从自然界获取的火种。在半坡遗址中，历史留下的痕迹诉说了当时原始先民们农作、狩猎、制陶、彩绘、音乐和舞蹈等丰富的生活内容。随着历史的演进与文化的传承，不仅陶器更加精美，还出现了如冶铜、酿酒、制玉、雕刻等新技术。这些物质文化发展成果体现了人类智慧的积累和文明的进步。

从思想文化角度看，远古时期也蕴含着精神文明的萌芽。在当时的生产力和人们的认识能力条件下，古代先民对大自然、祖先、图腾等产生了原始质朴的崇拜。自然崇拜的对象包括自然的日、月、山、川、风、雨、雷、电等。在文化遗址出土的陶器等物品上，经常能够发现太阳图形的纹饰，表达了对自然的敬畏。祖先崇拜、图腾崇拜反映了人们对自身起源的探寻，是较为高级的具有宗教色彩的崇拜形式。出于对生命繁衍、灵魂归处的关注，祖先崇拜成为中华传统文化的重要内容。伴随着图腾崇拜思想文化的萌芽，这一

① 马克思恩格斯选集；第 3 卷[M]. 北京：人民出版社，2012：492.7

时期的人们还通过结绳、契木、绘图等方式记事，在诸多文物遗迹上都能找到笔画工整的刻画符号，其被认为是中华文字的最早图像。

总之，中国远古时期的文化从萌芽一路走来孕育出辉煌灿烂的中华文明，成为中华优秀传统文化的重要开端。

(二)古代历史演进推动传统文化繁荣兴盛

据考证，公元前2070年，大禹建立了中国历史上第一个王朝：夏。这标志着中国走出了原始社会，进入了中华传统文化发展的全新时期。目前发现的商周甲骨文、金文中，以文字记载形式佐证了这一时期人民以“天”“天帝”为主体的信仰，以宗法礼制为代表的社会规范，以及以阴阳五行学说为代表的对自然的归纳方法与抽象思维。公元前722年，中国历史进入了大变革、大动荡的春秋战国时期。从这个具有里程碑意义的时期开始，“中国传统文化，尤其是作为其核心的思想文化的形成和发展，大体经历了中国先秦诸子百家争鸣、两汉经学兴盛、魏晋南北朝玄学流行、隋唐儒释道并立、宋明理学发展等几个历史时期”①。

春秋战国时期，社会急剧变革，现实与理想的冲突，激发了当时知识分子的创造力。他们运用丰富多元的素材，开创了气象恢宏、影响深远的思想文化百家争鸣、繁荣鼎盛的局面。包括儒、墨、道、名、法、阴阳、农、纵横、杂等在内各有建树的百余家思想产生了。而真正对此后的中国历史产生极为广泛而深刻影响的学派主要是倡导“仁者爱人”的儒家、以“道”为思想核心的道家、将“变法”作为思想主题的法家、主张“兼相爱、交相利”的墨家。这些对人类文明具有突破意义的思想文化虽然各具特点，但共同推进了中国古代对“天人关系”的思考，综合辩证地论述了宇宙、自然、人类共存与发展的法则。在这一过程中，丰富的价值理念、教育思想、道德伦理、政治主张等诞生了，成为中华民族思想理念发展的源头活水。公元前221年，第一个君主集权的统一帝国秦王朝建立，中国历史进入了“书同文、车同轨”的新阶段。到了汉代，中华文化在集权统一的政治体制下，得到了多方位的丰富发展。思想方面，两汉经学推动了儒学的发展，自董仲舒向汉武帝建议独尊儒术以来，经过改造的儒学被定为历代统治者认可并奉行的官方哲学，儒家思想的地位在当时的社会环境下得到了全方位的提升，一举占据了统治地位，

---

①　习近平在纪念孔子诞辰2565周年国际学术研讨会暨国际儒学联合会第五届会员大会开幕会上的讲话[N].人民日报，2014－09－25(2).

并一直延续了两千余年。汉代史学著作《史记》《汉书》《七略》等，为我们追溯历史、探寻古代思想提供了丰富的史料。文学艺术方面，文学作为具有深刻内涵和代表性的文化表现形式，在汉代取得了突出成就。辞藻华美、气势宏阔的《吊屈原赋》《七发》《子虚赋》等汉赋佳作，语言质朴、流传甚广的《东门行》《十五从军》等乐府民歌，文采飞扬、鞭辟入里的《过秦论《治安策》《说苑》等汉代散文都是蕴含丰富、深邃传统思想的文化瑰宝。同时，汉代的艺术、科技、建筑均取得了辉煌的成就。

随着汉朝的瓦解，中国历史进入了历时近四百年的三国两晋南北朝时期。这时，政治的动荡使社会批判思潮涌现，人们需要重新审视人生理想与社会发展，因此，儒学的独尊地位被动摇，而以《老子《庄子》《周易》为主要经典、融合了俪学与道学的玄学思想应运而生。玄学思想超越了伦理道德、政治主张的范畴，以探索理想的人格、认识宇宙的本质为中心课题，崇尚清新理性的抽象思辨，对中华传统文化的思想风格产生了较大影响。同时，这个继春秋战国时期之后又一充满分裂与战乱的历史时期也带来了思想与文化的交融发展。一方面，北方劳动人民南迁推动了南北经济与科技的发展，促进了文化与思想的交流与解放，带动了不同民族间的自然融合；另一方面，外来的佛教思想与本土的道教思想成为新的文化营养，促使中华文化不断展现前所未有的风采。总的来看，这一时期的中华文化初步呈现出儒、佛、道三家并立的文化格局，积累了更加绚烂多彩的诗、书、乐、画艺术作品，发展了天文历法、数学、医学、农学、地理学等自然科学。

隋唐时期，国力更加强盛，社会思想开放，是中华传统文化传承演进的鼎盛时期。此时的佛教在不断传播过程中日趋本土化，天台宗、法相宗、华严宗和禅宗等诸多宗派产生了，对中华传统思想文化的发展产生了重大影响，成为古代中外文化交流的重要标志之一。唐诗、散文、绘画、书法、史学等方面的辉煌成就证明了其在思想文化方面所达到的前所未有的高度。从多元化的民族融合角度看，在唐朝大一统的局面下，南北文化合流，各民族之间的文化交流越加频繁，关系更加密切，在文化上多民族交融的特点也表现得更加突出，文学、绘画、音乐及社会生活各方面都受到少数民族文化的影响，呈现出多姿多彩的新面貌，形成了兼容并蓄、百花齐放的宏大气派和繁荣景象。

经过五代十国的分裂与割据，宋朝的建立实现了局部统一，与辽、西夏等游牧民族形成对峙格局。在哲学思想领域，理学的形成与发展成为宋明时期的重要标志。理学思想积极吸收了佛教的一些观念并逐渐发展壮大，扭转了隋唐儒学逊色于佛学的状况。其思想具有突出的思辨特征，是一种完备的哲学体系，此外还蕴含着丰富的宗教和道德思想，其思想核心是伦理道德。推崇“天理”的绝对地位，主张“存天理、灭人欲”，强调通过“正心”“诚意”“修身”的道德自觉，约束个人欲求以达到理想人格的价值构建与实现。这些带有禁欲主义色彩的理念，对中华民族养成注重德性情操、注重人格气节、注重历史使命，以及注重社会责任的文化性格有重大影响。随着社会的发展与思想的演进，到了明代，程朱理学受到批判与挑战，以王阳明“心学”为代表的主观唯心主义高度发展。这一学说主张“致良知”“心即理”，激发了人的主观能动性，有力地冲击和突破了日渐僵化的理学思想。同时，宋代以来，少数民族的游牧文化与农耕文化在激烈的冲突中深刻交融。少数民族积极吸收汉文化的营养，日益发展壮大，尤其是以彪悍风格著称的蒙古族建立中央政权后，在专制统治中提高了儒学的地位，推动了以元曲为代表的文学艺术的发展。宋元时期的文学成就也成为中国文学史上最珍贵的遗产之一。

（三）封建社会没落，传统文化由盛转衰

明清之际，封建君主专制下的中国社会逐渐从鼎盛走向衰落，资本主义开始萌芽。随着社会生产力的发展，生产关系开始变化，思想文化敏锐捕捉并深刻体现了社会的变革。一方面，这一时期集中出现蔚为大观的《元史》《明实录》《明史》等史学著作，明成祖的《永乐大典》、清圣祖的《康熙字典》、乾隆的《四库全书》等大规模官修典籍，以及李时珍的《本草纲目》、潘季驯的《河防一览》、徐光启的《农政全书》、宋应星的《天工开物》、徐霞客的《徐霞客游记》、方以智的《物理小识》等科学技术巨著，都标志着经过数千年的积淀趋于成熟的中华传统文化进入集大成阶段。另一方面，随着历史与社会的发展，空谈心性的空疏之学在思想领域受到排斥，具有市民反思批判意识的早期启蒙思潮兴起。这一时期著名的思想家，如黄宗羲、顾炎武、王夫之等人，开始对当时的官方文化程朱理学发起挑战，反对文字狱等思想文化专制，批判锋芒直指专制君主，为当时社会注入了经世致用的实用主义风气。文学艺术创作方面，出现了反映民间生活情趣的市民文学，书画作品等也充分反映了城市经济发展和资本主义生产方式萌芽的社会现实。然而，当时的统治者和大多数知识分子，沉醉于历史上辉煌的文化成就，盲目自信，拒绝开眼看世界。而此时的西方已经轰轰烈烈地进行了从根本上改变世界面貌的工业革命。1840 年鸦片战争爆发，西方列强以其坚船利炮拉开了中国

近代史的序幕，进入半殖民地半封建社会阶段的中华传统文化也随之跌入了历史低谷，开始了一段前所未有的、在衰落中探寻蜕变与新生的曲折历程。

这条百转千回的中华文化复兴之路，直到 1921 年中国共产党成立后才重新清晰、明确起来。经过百余年的奋斗，党带领中国人民不仅实现了民族的解放，同时也实现了思想文化的独立自主、创新重生。在新时代，中华优秀传统文化已经成为中国特色社会主义文化发展的核心基因与沃土，必将重新绽放出举世瞩目的绚丽光彩。

追溯历史文化发展的脉络，我们能够深切认识到：中华民族的精神血脉薪火相传，具有生生不息的强大生命力；优秀的思想价值理念已经融入每个中华儿女的内心，成为其共同的精神家园；中华文化的繁荣昌盛增强了民族文化自觉与自信，也为世界文明宝库增添了宝贵的文化财富。以明晰中华优秀传统文化穿越千年历史演进的脉络为基础，我们要更加深刻地认识国情，更加珍惜当前取得的历史性成就，更加坚定地沿着中国特色社会主义道路前行。

三、中华优秀传统文化的基本走向

中华优秀传统文化并非民族文化随着时间推移简单叠加累积的成果，而是作为一个不断演进的整体，紧密地联系着过去、现在和未来的具有连续性、流动性的存在，其自身的历史性、民族性、时代性在传承发展过程中达到了辩证统一，并汇聚为前行的趋势。这形成了文化延续的基本走向。

（一）历史上的中华优秀传统文化，海纳百川，兼容并蓄，在交流融合中发展繁荣

中华优秀传统文化从远古时期孕育而生，传承至今。它始终保持了海纳百川的开放胸怀，接纳融合了生活在同一片土地上的诸多少数民族文化，展现出超强的向心力与包容力。以汉代开始传入的佛教文化为例，佛教传入之初带有明显的外来文化特征，之后相关人员在翻译经书过程中就自觉地开始了对其的本土化改造。这才使其能在隋唐时期有较大发展。即便如此，佛教仅剩的外来特征最终也在宋朝理学的发展过程中被彻底吸收。由此可见，中华优秀传统文化对异质文化始终保持着高度的融通性。可以说，正是以开放包容的胸怀不断将外来文化柔化、转化，融入自身的体系之中，才使中华优秀传统文化呈现出更加丰富的色彩。

此外，由于四周的天然屏障，中华优秀传统文化在独立、稳定的发展过程中繁荣兴盛，甚至在相当长时期内在周边国家中处于中心地位，影响遍及朝鲜半岛、日本列岛、中南半岛和东南亚各地，东亚文化圈逐渐形成了。在地域间的文化互动中，中华优秀传统文化得到进一步丰富拓展，同时也由近及远带动了周边国家，乃至亚洲文化的发展演化。元朝时期，蒙古族跃马扬鞭，武拓天下，建立了拥有横跨欧亚大陆广大版图的帝国，在实际上扩大了自汉代以来中国同西方和北方国家间的沟通范围。这使指南针、造纸术、印刷术、火药、历法、算术、瓷器、茶叶、丝绸、绘画、园林艺术、经史典籍等中华优秀传统文化中积淀的最杰出的思想与科技成就更加广泛地向世界传播，为西方哲学思想、文化发展、技术创新注入了新的活力；同时，国外的思想文化、先进科技，如处于世界领先水平的阿拉伯国家的天文学、数学等；也先后进入中国的科技文化领域，促进了中华优秀传统文化在新一轮的博采众长中实现融合发展，出现了《授时历》《几何原本》等新的文化成果。

（二）近代以来的中华优秀传统文化历经沧桑巨变，在守正中创新，从低谷走向复兴

近代之前，中华民族基本形成了以儒家文化为核心，同时蕴含道家和佛家思想内容，历史悠久、兼容并包、博大精深的传统文化。但由于长时间处于世界文化领先地位，到了封建社会晚期，统治者和士大夫们由文化自信逐渐转变为夜郎自大，在封闭僵化的文化意识影响下，对内的文化禁锢破坏了本应充满生机的学风，对外从明晚期到清代以来实行的闭关政策使得中国的经济发展，尤其是对外贸易逐渐衰退，思想文化、科学技术缺少与世界的交流，在故步自封中逐步坠入低谷。经历了鸦片战争惨痛失败，中国一步步沦为半殖民地半封建社会。在这一个过程中，无数爱国仁人志士一边探索救亡图存的道路，一边反思中国何以积贫积弱至此。于是，近代以来的中国从“三千年未有之大变局”的政治剧变开始，先后经历了农民反抗运动、以“富国强兵”为目标的洋务运动、谋求制度层面改革的维新变法运动，乃至推翻清朝封建统治的辛亥革命，但均未能打通中国摆脱西方帝国主义侵略、独立自主走向现代化发展的道路。因此，“政治上的剧变，酿成思想的剧变，又因思想的剧变，至酿成政治上的剧变。前波后波展转推荡。”①

1915 年，以《新青年》的诞生为标志，一场由陈独秀、李大钊等新一代知

---

① 梁启超. 中国近三百年学术史[M]. 北京：东方出版社，1996：30.

识分子发起的声势浩大、影响深远的新文化运动掀起了反对封建专制及其思想桎梏的启蒙浪潮。1919 年，在中国大地上爆发了五四运动，“为新的革命力量、革命文化、革命斗争登上历史舞台创造了条件”①。1921 年 7 月，中国共产党成立后不仅担负起了带领全国人民争取民族独立的革命任务，同时也肩负起了复兴中华优秀传统文化的使命，自觉成为其传承者、弘扬者和建设者，在领导全国进行革命、建设、改革的过程中以科学的马克思主义理论为指导，重视学习和总结历史经验，重视借鉴和运用中华优秀传统文化中的思想精华，不断推动其当代化、现代化。

进入新时代，党中央把中华优秀传统文化的传承与发展放在重要的战略位置上，加强优秀传统文化的阐释和弘扬，推动其创新发展和时代转化。在经济全球化浪潮中，在不断变化的世界局势中，中国倡导构建“人类命运共同体”，广泛开展“一带一路”建设，弘扬中华优秀传统文化……一系列实践有力证明，中华优秀传统文化不仅可以为实现中华民族伟大复兴的奋斗目标提供助力，也能为当今时代背景下世界的发展提供智慧和力量。

总之，历经繁荣兴盛，曾在世界展现辉煌成就的中华优秀传统文化，在中国共产党矢志不渝的努力传承与弘扬中，在科学指导思想的指引下，经受住了历史变迁的严峻考验，走出了沧桑与低潮。作为中华民族的精神之根与思想之魂，在新时代，它将在更加宽广的舞台上彰显无穷的精神魅力，支撑着中华民族走向现代化，走向复兴。

第二节　中华优秀传统文化的思想精华

中华优秀传统文化积淀了独特的文化特质，凝练了丰富的思想精华，形成了鲜明的特色。这些构成了优秀传统文化极具辨识度的标签，为我们正确认识和深刻把握中华优秀传统文化提供了重要的切入点。

一、中华优秀传统文化的内在特质

地理环境决定论认为，地理环境和气候会极大影响一个民族的文化及其特征。中华文化诞生于华夏大地，独特的自然地理环境、社会结构与历史

① 习近平在纪念五四运动 100 周年大会上的讲话[N]. 人民日报，2019－05－01(2)。

背景对其形成和发展具有重要的影响，是使之呈现出独特文化特质的重要基础。

从中华大地的独特风貌来看，中国的自然环境相对封闭，拥有漫长的海岸线，高耸的山脉，奔腾的江河，广袤的草原、沙漠将中华大地。而西高东低富有层次感的地势、处于中纬度的显著季风气候为生产生活提供了相对独立安全的广阔空间和丰富的自然资源，既奠定了不同地域形成丰富多样的思想文化的基础，也对中华民族的诞生、发展、交流融合产生了深刻的影响。

从中国古代经济形态角度来看，由于气候、土壤、水利等方面的环境差异，逐渐形成了东中部的广大地区适宜农耕生产、西北部地区适宜游牧生产的人文社会生产景观。从总体上来看，中华民族自古就把“农”视为“立国之本”，形成了以农耕经济为主的经济形式。

从社会结构角度看，经过漫长的原始社会积淀，中华民族在中原沃土上形成了以传统农业模式为主、由血缘家族组合而成的农村乡社，并沿袭了以血缘为纽带的严格的主从、嫡庶、长幼宗法等级结构。

另外，中华大地幅员辽阔，物质条件相异，形成了高原区牧畜、林区捕猎、沿海及水乡捕鱼等多样性的生产生活方式，并逐渐发展出货通天下的商业等。这些经济形态既相对独立，又与农业形成了相互交融、相互渗透和相互补充的关系。

中华民族在繁衍发展中形成的传统文化是根植于农耕社会的基础之上的，由于人们对“天”的仰赖、敬畏和亲切，由于生活方式的自给自足、多样共存，由于人们对稳定、统一的国家的期待，因而孕育出以“天人合一”为代表的追求和平、崇尚道德的民族文化，形成了中华优秀传统文化中的务实精神、中席之道、尚农重农思想与民本主义，以及乐天安土的生活情趣，哺育了中华民族的多元化民族分支，使中华文化多彩多姿，呈现出各民族向心力不断增强和多元文化类型持续融合的趋势，培养了中华民族对乡土深切的依恋和对祖国难以割舍的家国情怀。正是在自然环境与社会历史条件的共同作用下，中华优秀传统文化延续数千年，展现出独特的文化特质。

(一)生生不息的延续性

中华优秀传统文化是中华民族历经悠悠数千载却始终未曾断绝的文化血脉。这种生生不息的延续力，得益于处于一种半封闭状态的大陆性地域，中华优秀传统文化与外部世界相对隔离的自然环境；同时，具有连续性和稳定性的农耕经济和农耕文化的主体地位也增加了中华优秀传统文化的稳定性、包容性与向心力。此外,政治传统在调整中的接续承继也是重要条件之一。因而,中华文化能按照自身发生发展的逻辑孕育演化至今,并以独立的姿态保持了前后承接的赓续延传,积淀了牢固的民族心理与伦理观念,积累了无与伦比的思想文化宝藏。

从中华优秀传统文化自身来看,其坚韧的延续性根源于优秀的文化基因,以及传统文化强大的融合力和凝聚力。纵观中华五千年历史,中华优秀传统文化对一切外来文化都具有很强的影响力。在不断的碰撞交流中,中华文化展现出自身强大的文化基因,不断吸收并改造异质文化,使其逐步融入中华民族的文化基因,继而成为中华文化的一部分。

就融合力来讲,中国历史上的分裂时期或者王朝更迭时期,往往也是民族、文化大融合最为显著的时期。无论是东晋十六国的混乱,还是两宋的分裂对峙,抑或是元南下、清人关,都极大地促进了民族与文化的融合,成就了中华文明博大的体系和丰富的内涵。就凝聚力来讲,自古以来,在中华文化的滋养下,中华儿女对国家和民族的热爱愈加深沉与厚重,谱写了一曲曲流传千古的爱国主义赞歌。那么为什么中华优秀传统文化能够如此传承有序呢?马克思曾指出:"人们的意识,随着人们的生活条件、人们的社会关系、人们的社会存在的改变而改变。"[①]人的意识的改变具有必然性,顺应变化做出相应调整,使意识符合客观存在,才能够不断发展。这一判断说明了开放性思维方式的重要性。中华优秀传统文化传承有序正是因为它并非一个封闭静止的文化系统,而是一种具有顺应变化、包容开放的思维方式的动态文化。从历史上看,每次中华优秀传统文化与外来文化碰撞时,传统文化都在主动影响、多元互补、吸收融合的过程中得到发展,其核心就是保持因革损益的开放性思维。这不仅使文化在多元碰撞中展现出鲜明的主体意识,有助于其在交流中实现自我发展与创新,更彰显出一种强烈的吸引力和亲和力,使得地域广阔、民族众多的中国保持了旺盛的生命活力。

(二)经世致用的务实性

中华民族以应天时、尽地利的农耕劳作为主要生活方式,形成了立足实际、勤劳务实和安土乐天的朴素共识,积淀了审时度势、与时俱进的"实用一经验理性",凝练了崇实尚行、经世致用、利用厚生的价值取向和"大人不华,

---

① 马克思恩格斯选集:第 1 卷[M],北京:人民出版社,2012:419—420.

君子务实”的人格追求。孔子曾说,“富而可求也,虽执鞭之士,吾亦为之”。这体现的正是中华民族深植于农耕经济厚实土壤的农本思想在长期的社会生产实践中产生的注重现世、淡化来生、不善思辨、排斥玄虚的务实态度。而在中国封建君主统治时期,封建伦理型文化这座严密的思想屏障,将人们的思想与宗族、土地牢牢锁在一起,而实用理性的倾向也促使农学、天文学等得到长足发展。这种对抽象思辨的忽视,也阻碍了思维逻辑的发展成熟,影响了基础科学技术的进一步发展。

以经世致用为导向,中华优秀传统文化具有鲜明的实践指向性。以中华传统文化中“天”的概念为例,西周之前的“天”的观念具有较浓厚的客观唯心主义抽象色彩,但也已经出现了“以德配天”的思想,散发出亲近人世的气息。西周之后,“天”的这种抽象和神化特征开始褪色,取而代之的是规律性的含义。而春秋时期,孔子创立儒学,提出“子不语乱力怪神”的主张,反映和体现了重视现实生活的价值取向。自那时起,相较于抽象的神,传统文化的重心实质上从天上转到了人间,注重世俗实际和实践的倾向就愈发凸显出来。它强调所有的理论、学说、观点最终目的都是解决人自身生存以及人在世间生活的问题,即使是具有明显现实超越性的道家思想也显露出对理想人生、美好生活、和谐社会的追求,在构成中华优秀传统文化主体的儒家经典中更是随处可见。正如司马迁所说:“天下一致而百虑,同归而殊途。夫阴阳、儒、墨、名、法、道德,此务为治者也”。纵观春秋战国时期各家学说,可以说均为应时而为、应运而生,都以实现社会稳定、天下大治为目标。在中华优秀传统文化的实践思维中,虽然宋明理学提出了“存天理,灭人欲”的超验性追求,但内圣外王依然是其根本价值追求。它聚焦的核心问题和理想指向是“为往圣继绝学,为万世开太平”。可见,经世致用的务实性贯穿于中华优秀传统文化。

(三)革故鼎新的创新性

革故鼎新是中华优秀传统文化延续数千年而依旧充满活力且不断繁荣发展的核心基因之一。在历史更迭中,观四时运行不息,察万物生长化育,面对“逝者如斯夫,不舍昼夜”的沧桑变化,中华先民对变通的概念有了更为深刻的理解,追求“苟日新,日日新,又日新”的奋进精神,以及“惟新厥德”、进学不已的积极态度。这使得中华文化逐步形成了善于与时俱进地汲取时代精神要义的发展思维,以及勇于进行自我革新的创新精神。因此,即便在历史演进的过程中,中华文化与游牧民族文化多次发生碰撞,但中华优秀传统文化的传承与发展也未曾中断。面对印度佛教等外来文化的冲击，中华文化也能够以海纳百川、革故鼎新的精神，主动包容接纳，融合吸收。这本质上就是自我革新精神的深刻展现。正是因为这种勇于变革、积极求新的创造精神，激励了一代代中华儿女在危机中奋起求变，自强不息，推进了民族历史和文化在沧桑巨变中砥砺前行；也正是这种文化基因的传承，才使得中华优秀传统文化成为人类历史上赓续不断的文化财富，至今仍然具有无穷的魅力，为人类发展贡献智慧与力量。在当今时代，面对百年未有之大变局，中华文化中革故鼎新的创造性不仅能够引领中华民族于变局中开新局，更能够为全人类的发展提供有益的启迪。

(四)重人轻神的人文性

中华优秀传统文化的人文性是其突出特质之一。中华优秀传统文化关注人自身的存在，以人为中心，主张天、地、人合而为一。这造就了独特的中华优秀传统文化特质，使其人文精神熠熠生辉。

首先，中华优秀传统文化具有鲜明的重人轻神倾向。在中国远古时期乃至殷商时期，人们还存在着对天命鬼神的绝对崇拜和敬畏。但是西周之后，随着宗法道德观念的确立，神学观念就逐步淡化了。在周代以后的历史中，王权始终是高于神权的存在。同时，鉴于殷商灭亡的历史教训，“重民轻神”的民本思想自周代开始兴起，在传统思想中长期处于核心地位的儒学就高度关注现实中人的生存。在儒家经典中，“天道远，人道迩”“敬鬼神而远之”“未能事人，焉能事鬼？……未知生，焉知死”“制天命而用之”等表述，强调了人的价值、人的力量和生命的意义，展现出以人为本、重人道轻神道的人本主义思想倾向。总的来看，中华优秀传统文化从人与人之间的关系角度出发，确立了人们的行为准则和道德规范，进而开始追求人的完善、人的理想以及人与自然的和谐，体现出明显的人本精神。从古代的相关文学作品中我们就能看出，在西方神话中，故事的主人公是神，战胜灾难的是神，完成惩恶扬善使命的依旧是神，始终着力于对神和神力的宣扬。而中国神话则多以人为主人公，如“大禹治水”“夸父逐日”和“后羿射日”等神话，宣扬的是人定胜天，展示的是人的力量和价值。

其次，在中华优秀传统文化的价值取向中，实现人生价值的崇高追求是重要的内容之一。这一追求展现出鲜明的非宗教性思想倾向。中华民族的智者先贤往往主张把内在道德修养和外在的社会实践结合起来，追求“内圣外王”的崇高境界，努力去立德、立功、立言，从而成就理想的君子人格。

最后，中华优秀传统文化的落脚点在于人的主体性，特别注重人的实践和主观能动性的发挥。这种关注主体价值的精神广泛存在于中华传统文化中，如儒家倡导的积极入世的道德实践、对内在超越的精神诉求、对知行合一问题的探究、“以民为本”的政治理念，都是重视人的主体性、能动性思考方式的具体表现。同时，这一思维方式所产生的社会追求就是天下大同。这种肯定人的价值的理念与对美好理想社会的向往，在当时起到了激发人们的主体意识、增强以天下为己任的社会责任感和激励探索真理精神的作用，促进了中国古代文化的发展繁荣，也推动了社会的不断进步。

（五）崇德尚善的伦理性

中华优秀传统文化是一种关注人伦、以伦理道德教化为重要目标的伦理型文化，具有浓厚的崇德尚善的道德色彩。中国几乎所有的学说都对引人向善的道德伦理有所论及。各种观点也普遍存在于我国古代经典当中，在儒家经典中体现得尤为明显，如提出“克明俊德”和“皇天无亲，惟德是辅。民心无常，惟惠是怀”。这说明，在古代社会，明德作为重要原则和规范贯穿社会生活的各方面，中华优秀传统文化处处渗透着伦理道德思想的影响。先秦儒家学派高度强调道德的践行，还指出“欲修其自身者先正其心，欲正其心者先诚其意”。这突出了个人的自觉性和主动性在自我道德修养中起到的重要作用。如“德之不修，学之不讲，闻义不能徙，不善不能改”等丰富的论述阐明修德的价值与意义。孔子还对如何修德进行了规定，如“弟子入则孝，出则悌，谨而信，泛爱众，而亲仁，行有余力，则以学文”。这说明他将修德放在学习知识和做学问之首，凸显其重要性。孟子进一步指出，人之所以与禽兽有别，在于满足温饱之后应学礼而守德，对于德性的追求不仅对个人品质有益，使人们成为“富贵不能淫，贫贱不能移，威武不能屈”的大丈夫，而且对于整个社会形成崇德风气和向善品格都有重要意义。儒家另一代表人物荀子则认为，后天的道德教化对人的品质影响极为重大，甚至可以“涂之人可以为禹”。这些思想不同的是观点角度的差异，相同的是都在推崇德性的作用，重视道德的培养。道家思想也注重追寻德性。老子认为，“上善若水”。庄子在《秋水》中指出，“井蛙不可以语于海者，拘于虚也；夏虫不可以语于冰者，笃于时也；曲士不可以语于道者，束于教也”。这种谦虚谨慎的致知态度，身处逆境也要保持浩然之气的精神境界，在铸就中华民族的精神品格方面有着持久重要的影响。在儒家成为官方正统思想后，在儒家学者和统治者的推动下，这种注重道德践履的思想不断发展完善，成为治理国家和教化民众的重要工具。经过长时间的道德伦理浸润，上至统治者，下至平民百姓，人们自觉尊崇圣贤，恪守“仁、义、礼、忠、孝、悌、信”等儒家道德要求，不断完善自我，以实现君子人格为追求目标。从人与人的关系而言，传统文化强调要有仁爱之心。无论是孔子的“己欲立而立人，己欲达而达人”“己所不欲，勿施于人”“人不独亲其亲，不独子其子”，抑或是孟子的“老吾老，以及人之老；幼吾幼，以及人之幼”都成为中华优秀传统文化中具有深远影响力的道德信条。以血缘关系为纽带的长幼尊卑秩序和一系列宗法制度，从家族和宗族的集体生活规范，衍生为社会发展的基石，形成一种家国同构的社会模式，人与人之间的道德要求也延伸到国家层面，形成了君君臣臣、父父子子的伦理道德原则和安身立命的行为规范，极大地巩固了“家国同构”“家国一体”的政治体制格局，推动了古代国家的存续。

二、中华优秀传统文化的价值理念

中华优秀传统文化之所以能长期受到人们的尊崇信仰，是因为其蕴含着深刻且独特的价值理念。这些理念凝聚着中华民族对人类本质的思考，对人与人关系的理解，以及对人类命运的探究，体现了中华民族最深邃的思想、卓绝智慧虽然经历漫长历史却越发深入中华民族的灵魂与血脉。这些核心内容从根本上影响了中华民族的思考、选择和行为模式。因此，我们将围绕“天人合一”“和而不同”“自强不息”“止于至善”“民惟邦本”“天下大同”几方面展开进一步的阐述。

（一）天人合一

中国古代思想中的“天”泛指宇宙、天地、自然万物，也包含自然规律；“人”则往往指自然的人、人性、人生，以及人类社会的历史发展过程。由于“天”与“人”的问题包含着对如何认识世界、如何改造世界问题的探究和解答，因此中国历史上的思想家们一般将“究天人之际”的哲学问题作为思考的首要问题，而这些思想成果为我们留下了既有理论深度又有民族特色的宝贵思想财富。纵观历史上思想家们对“天人之学”的探究，“天人合一”可以看作是中华文化对“天”和“人”之间关系的总体把握，以及达到二者和谐状态的理想追求。

“天人合一”强调人与天的和谐相处，二者紧密联系，不可分割，主要体现为尊重自然规律，顺应天时，最终达到天道、自然和人的和谐状态。有关研究认为，这一观点最早孕育于以农业为主要生活方式的夏商周时期，具有明显的宗教色彩。当时人们将“天”视为上帝，主宰着大自然的风云雷雨，决定着禾苗生长和农业收成，因此人们都要揣测天意。到了周朝，“天”的自然规律的意义加强了，同时还增加了道德性的内涵。人们认为天会选择有德行的人给予帮助，因此要“以德配天”。《左传》中有：夫礼，天之经也，地之义也，民之行也。天地之经，而民实则之。①

这段话的含义是，天、地的运行要顺乎“礼”，人们的行为处事也必须合乎天理地义。这里的天地是道德的具化，是人们行动的终极目标，人们做事必须取法于天。可见，早期的天人关系是在当时物质和理性思维发展制约下形成的人服从于天的被动合一。

直到春秋战国时期，人们冲破了宗教思想的束缚，用理性探索天人关系时，天人关系成为一种哲理思辨，以崭新的面貌融入中华优秀传统文化。

老子指出，“人法地，地法天，天法道，道法自然”，说明了人、地、天、道四者的关系，表明了人与大自然的一致与相通。“天之道，损有余而补不足。人之道，损不足以奉有余”体现了老子对人道不公的观察和批判。他认为人道应当顺应天道，“推天道以明人事”“绝圣弃智”，实行“无为而治”。

庄子坚定地站在“天”的立场上看待万物，指出“弃事则形不劳，遗生则精不亏，夫形全精复，与天为一”，主要强调远离世俗事务的困扰，让身体不受牵绊，拥有豁达的人生观，让精神无所亏缺，一切都顺其自然。这样人就会达到一种形、神圆满的境界，复归于自然，达到一种与天合为一体的逍遥自由的境界。

孔子则从人的角度来把握“天人合一”的命题。孔子敬畏天，但在他看来，“人能弘道，非道弘人”，人无论遇到何种境遇，应对自身所处文化传统有自知之明，有深厚感情和责任担当。因此，他一生致力于复兴周礼。

儒家另一位重要思想家孟子沿着孔子的思路进一步强调人保持人的内心本性，“尽其心者，知其性也，知其性则知天也”。孟子认为，人的“心”“性”与“天”是相通的，人性与天道密切相关，发挥人性之善就是对天命最好的回应。

春秋战国时期重要的经典《周易》包含着中国最古老的朴素唯物主义的辩证法思想。“易，所以会天道、人道者也”。它以一种整体的世界观，将天地人视为有机统一体，因而引起诸多学者的研究，形成了《易传》。这些研究

---

① 春秋左传注：下[M]. 杨伯峻，译注. 修订版. 北京：中华书局，2018：1271.

从变化的角度将天与人紧密联系起来，人们在阴阳交汇中可以体察万事万物的运转与变化，懂得了变化的规律就能够按照其蕴含的道理待人接物，展现天性于人的本性之中。正如《周易》提出，“夫大人者，与天地合其德，与日月合其明，与四时合其序，与鬼神合其吉凶，先天而天弗违，后天而奉天时”。这段话是指真正的智者能够主动感应天地，行为上合乎天地意志，把握天道运行规律，顺应天道变化，从而达到先天后天无往不利。《礼记·中庸》中提到“诚者天之道也，诚之者，人之道也”。它肯定了“诚”的重要性，认为人们要充分发扬“诚”的德行，才可与天道相一致。孟子提出“天命之谓性，率性之谓道，修道之谓教”“尽心知性知天”“上下与天地同流”“天时”“地利”“人和”，认为人与天相通，表现出“天人合一”的思想。

荀子提出天人相分的观点，认为“天行有常，不为尧存，不为桀亡。应之以治则吉，应之以乱则凶”。这既是将天视为不受人的意识支配的自然法则，顺应它就会得到生养之资，违背它则会受到惩罚。荀子还从农业的角度进一步阐释人应当发挥自己的主动性，认识规律，把握规律，深刻阐述了人是与天相对独立的认识主体、实践主体。荀子这种基于相分与相和观念的探索将把天人合一的探索推进到一个新阶段，对后来的思想产生了重要而深刻的影响。到了汉代，大儒董仲舒提出了“天人之际，合而为一”的“天人感应”理论。这是儒家思想的又一个重要观点，由此不断发展成了哲学思想体系，成为汉代统治思想，对整个中国政治思想的发展影响极其深远。

“天人合一”作为一个明确的理论命题是北宋哲学家张载最先提出的。“儒者因明致诚，因诚致明，故天人合一，致学可以成圣，得天而未始遗人。”“乾称父，坤称母。余兹貌焉，乃浑然中处。故天地之塞，吾其体；天地之帅，吾其性。民，吾同胞，物，吾与也。”可见，他将“天人合一”既作为本体，也作为发展认知的方法和依据。这可以说是对这一核心理念的经典解读。宋代以来，“天人合一”逐渐为思想家广泛接受，成为当时思想文化观念的主流。

总之，在中华传统文化中，天与人合而为一是一种内在的生成关系和现实原则，对于如何处理好人与自然的关系，人与社会的关系，个人内心思想、感情的平衡关系起到重要的指示调节作用。

(二)和而不同

“和而不同”是中华优秀传统文化中蕴含的重要的思想理念和辩证思维方式，其核心精义是“和”。“和”字以及“和”的概念在《诗经》《尚书》等典籍中已经有了清晰深刻的表达，如“百姓昭明，协和万邦”。这些关于“和”的阐述主要指人与神的和谐关系，或中华大地上诸国间的政事和顺。西周末期的伯阳父提出了“和实生物，同则不继”的命题，第一次区别了“和”与“同”的概念，赋予“和”哲学思辨的深意。从哲学的视角看，“和”是从普遍性、共性着眼，使不同的事物在相互作用中协调协同，进而达到一种新的平衡状态，或者创造新的事物的动态过程。这相较于同质或同类事物的叠加，更加凸显了共性与个性的辩证统一，是在差异矛盾的辩证中推进发展的哲学智慧。孔子重视“和”的社会政治功能，进一步将“和”与道德践履结合起来，提出了“礼之用，和为贵”“君子和而不同，小人同而不和”等经典论述。老子也十分重视“和”，提出“万物负阴而抱阳，中气以为和”的观点，将“和”视为万物生存的基本条件与最佳境界。北宋思想家张载在前人的基础上构建了相对完整的“和而不同”思想体系。他从宇宙本体论出发，认为“太和即道”，“散殊而可象为气，清通而不可象为神”。太和既是宇宙的本原，同时蕴含着宇宙的规则、客观世界运行中矛盾对立统一结构，因而“有象斯有对，对必反其为；有反斯有仇，仇必和而解”，即随着事物的运动变化，对立与矛盾必将“和而解”。同时，“和”也是人们修养所要追求的目标。张载认为“心和气和”，从自身的本性出发穷理尽性而与天合一，达到“民胞物与”境界，进而能获得自然、社会、国家和个人心境上真正的“和”。随着“和”的概念与内涵的不断丰富、深化，人们又继续深化了对“和而不同”命题的思考，将其与“中”联系在一起，为“和”赋予了实践尺度。《中庸》中论述道，“中也者，天下之大本也；和也者，天下之达道也。致中和，天地位焉，万物育焉”，将“和”放在了万物发展循环、并行不悖的原则规律中看待，强调了万物运动变化与个人内在修养追求的和谐统一，进而用“万物并育而不相害，道并行而不相悖”的精练语言刻画了“和而不同”理念映照在自然与社会中的美好景象，展现了丰富的辩证思维和发展智慧。

随着“和而不同”思想理念的传承，崇尚和合的意识已经融入中华民族的文化血脉，广泛存在于传统文化的方方面面，从中医学所强调的“阴”“阳”以及阴阳平衡和互补，到中国古代美学所强调的“中和”，再到儒家对“和”、道家对“妙”、佛教对“圆”的追求，无一不是“和而不同”思维的具体体现。在当今时代，“和而不同”“贵和持中”的思想精髓进一步拓展，潜移默化地发挥着重要作用。在思想文化上，追求“各美其美，美人之美，美美与共，天下大同”的共同繁荣；在政治上，主张“兼听则明，偏信则暗”，坚持民主与公正；在社会上，深刻认识“和由义起，同由利生”，主张重义轻利，以和为贵；在个人素养上，培育“致中和”的君子之风。从全球化背景下国际社会合作竞争的关系来看，中国始终秉承“强不执弱”“富不侮贫”理念，注重“协和万邦”，亲仁善邻，主动维护国际社会秩序的和谐安定，推进国家间和平共处，向全世界展现了“和而不同”思想理念的强大魅力，尊重事物间的多样性与差异，客观看待矛盾乃至冲突对抗，进而寻求共识，实现动态和谐发展的“和合”思维也得到了国际社会的广泛赞同，为化解当下各种危机，促进人类社会和平与发展贡献了中国智慧。

（三）自强不息

自强不息是中华优秀传统文化的核心思想理念之一，是中华民族的精神内核，在穿越五千年的沧桑历程中起到了不可替代的独特作用。这一命题最早出自《周易》。“天行健，君子以自强不息”的阐述表达了自然万物运行刚健不已，君子应遵循规律效仿自然奋发进取、不断追求进步的理念，反映了古人对天体运行不息的深入观察和深刻认识，展现了中华民族历经磨难而始终保持勃勃生机的精神力量所在。只要经过“苦其心志，劳其筋骨，饿其体肤，空乏其身，行拂乱其所为，所以动心忍性，曾益其所不能”的艰苦磨炼，“人皆可以为尧舜”。这可以说是对自强不息精神的经典阐述。由此可见，自强不息的理念从“天人合一”的宇宙观孕育和发展而来，强调对自然之道的自觉转化，与塑造自我理想人格的不懈追求紧密相关，既包含对“富贵不能淫，贫贱不能移，威武不能屈”“穷且益坚，不坠青云之志”等正直独立、不屈不挠人格的崇尚与追求，也包含对利用厚生、担当道义，“艰难困苦，玉汝于成”的社会责任感和创造精神的弘扬。正是由于“自强不息”精神的薪火相传，中华民族获得了自立自强、砥砺奋进的精神支柱与力量源泉，历经岁月更替与曲折磨难，依然如翠柏挺拔屹立。在传统文化中，天与地的概念相辅相成。与天道运行体现出的刚健有为相对应，大地之势表现出的是博大宽厚、柔顺包容。故而《周易》中有“地势坤，君子以厚德载物”。这从另一个侧面补充了自强不息的内在要求，即君子自强自立的同时，应当以效法大地之德作为认识世界和提升德行的进路，以宽广的胸怀、深厚的修养，容纳万物，博采众长。可见，厚德载物既包含老子提出的“上德若谷”谦虚包容的智慧，也包含儒家修德自省的积极担当。《大学》中开宗明义地提出了“欲明明德于天下者”应当做到“格物”“知至”“意诚”“心正”“身修”。这表达的即是“厚德”的意涵。而“家齐”“国治”“天下平”则是“载物”的体现。

总之，“自强不息”与“厚德载物”是基于“天行健”与“地势坤”的世界观而阐发的人生观、价值观。两者作为一个辩证统一的整体，塑造了民族精神的精髓，共同构成了优秀传统文化理念的重要内容，具有重要的历史意义与现实意义。在当今时代，深刻认识与弘扬“自强不息”“厚德载物”的精神，不仅是应对世界发展复杂局势的需要，更是培育中华民族一代代有志青年继续乘风破浪实现伟大目标的重要精神力量。

（四）止于至善

“大学之道，在明明德，在亲民，在止于至善”。中华优秀传统文化历来具有崇德尚善的特质。孔子的“仁者爱人”，老子的“居善地，心善渊，与善仁，言善信，政善治，事善能，动善时”，墨子的“兼爱”“非攻”等，都包含着对美好社会、崇高的德行的向往与追求。换言之，在一定程度上看，对“至善”的探寻构成了中华优秀传统文化的起点和主题。

何为善？老子用“上善若水，水利万物而不争”阐述了善的意境与内涵，间接说明了“善”的理念来自对自然万物的观察与体悟，是顺应天地间内在规律而达到的自然和谐、返璞归真的状态。由此引申，“止于至善”既是对认识把握客观规律的追寻，也是对主观内在超越的诉求。

从把握客观规律而言，追求“至善”与“天人合一”“道法自然”的理念相交汇，表达了人与自然、人与规律和谐共生、繁荣发展的内涵。正如《周易》中指出的“一阴一阳之谓道，继之者善也，成之者性也”。可以说，“止于至善”就是要不断地接近、把握、继承、遵循天地自然的“道”，实现“大道之行也，天下为公”的理想。

从主观内在超越的角度看，“止于至善”就是对进入崇高道德境界、提升自我修养的理性自觉。孔子说“我欲仁，斯仁至矣”，他所主张的“为仁由己”“为己之学”就表达了自我完善、自我超越、“止于至善”的内在要求。孟子提出了人生来就具有“良能”“良知”的判断，认为人有求善向善的意识是与禽兽的本质区别所在。中华文明围绕实现内在超越的“至善”提出了丰富的修养要求和实践路径。道家认为，“江海之所以能为百谷王者，以其善下之，故能为百谷王”，提出了虚怀若谷的要求。老子认为，“知人者智，自知者明。胜人者有力，自胜者强”，提出了自省自律的修身路径。儒家崇德尚礼，历来关注内在境界和人格修养的塑造，对于实现内在“至善”则有更加丰富的阐述，以“内圣外王”为德行修养的目标，提出了“慎独”“日三省吾身”“博学之，审问之，慎思之，明辨之，笃行之”等以德润身的主张，而将“止于至善”的追求从个人上升到社会，就形成了“天下大同”的美好理想。“止于至善”的理念培育了中华民族注重提升个人德行修养境界，追求尽善尽美，崇尚和谐友善的民族性格。这一思想理念对当今时代中国各行各业的劳动者不断提升自身德行修养，尤其是青年一代形成向上向善、锐意进取的积极风貌，对破解当前国家发展中的瓶颈与难题，不断实现超越仍然具有积极意义。

（五）民惟邦本

中华优秀传统文化富有人文精神，具有显著的民本主义特征，强调人在一切事物中居于最重要的地位，人的一切行为都围绕实现人自身的价值，强调人的作用与人的地位，形成了“人定胜天”“制天命而用之”的思想。这些观点反映在政治理念上形成了源远流长的民本思想。早在周朝，统治者就认识到百姓在政权存亡兴废中的关键作用，认为“商罪贯盈，天命诛之”（《尚书·泰誓》）。这就将“天”理解为民众意志的代表，将民意等同于天意，所谓“天视自我民视，天听自我民听”（《尚书·泰誓》）。高度重视人的作用，并努力调整统治者与下层民众的关系，由此诞生了“以民为本”的思想。周公说，“人无于水监，当于民监”《尚书·酒诰》》，其意为执政者应当以百姓民意为镜鉴，时刻反省执政中的得失。这种将宇宙的主宰由天神置换成民众的思想转换，奠定了传统民本思想的基础。

先秦时期，“以民为本”的政治理念成为诸子百家的共识。其中，以儒家的民本思想为代表。儒家的民本思想继承了周朝的“明德保民”的政治思想，将“仁爱”的道德要求与“重民”的政治需要结合在一起，将以民为本作为君主的道德修养和政治原则，并提出了以“内圣外王”“仁者爱人”为基础的一系列“仁政”思想。孟子提出“民贵君轻”的民本思想，实际上是以血缘亲情为基础的道德和伦理观念在政治上的反映。道家推崇的民本思想和治国之道可以概括为“自然无为”“无为而治”的观点，其思想要义是主张君主要让百姓自由和自然发展，尽量减少政治上的干预。老、庄崇尚自然，“圣人无常心，以百姓之心为心”，主张君主应该顺应自然去治理人民，而不应当过多干扰百姓的正常生活秩序。庄子说“与天为徒者，知天子之与己皆天之所子”（《庄子·人间世》），其意思是，和自然交朋友的人，知道天子和自己都是自然所养育的。天子与百姓的身份虽然不同，但都是上天之子，同出于自然，以此从根本上否定了天子的特权，否定了天子的至上权威，提出了以自然论为基础的人人平等学说。墨家的民本思想以“兼爱”为核心，认为人与人之间要平等地相互爱护，真正的仁君也要以“兼爱”待民，即对天下百姓没有亲疏之别、远近之分，平等地为全天下的百姓谋福利。墨子说“仁者之为天下度也，辟之无以异乎孝子之为亲度也”《墨子·节葬下》），而“爱人者，必见爱”,实行兼爱就可以使大家互惠互利,最终实现人人平等、共利共荣的社会理想。墨子“兼爱”天下的民本思想,是把天下所有人民置于互爱的整体中,强调平等相爱以及对全体人类无差别的普遍“泛爱”。这种“兼爱”天下百姓的思想也是中国传统文化中民本理念的重要内容。

先秦各学派思想虽然有差异,但在重视民心向背、以民为本方面是一致的。春秋战国以后,在诸子百家思想融合的基础上,逐渐形成了以儒家思想为主体,融合其他各家思想的民本思想,其中强调了“民惟邦本,本固邦宁”的思想,突出了人民的根本地位和主体作用,创造性地提出了民贵君轻思想,指出了“君行仁政”“制民恒产”“治国有常,而利民为本”的执政为民的施政思路。

总之,民惟邦本是中国传统政治思想的基本理念,体现了深厚绵长的仁爱精神和人文精神,也呈现了中华优秀传统文化的人民性底色。

(六)天下大同

天下大同是中国古代社会的终极目标,代表了中国古代理想社会的最高境界。“大同”出自《礼记·礼运》篇:“大道之行也,天下为公,选贤与能,讲信修睦……故外户而不闭,是谓大同。”这里描述的是一幅人与人之间没有等级差别,没有剥削压迫,彼此互相帮助,各尽其能,各取所需,各得其所的美好图景。在这样的社会里,人民安居乐业,社会和谐美好。

根据这一大同社会的设想,中国古代知识分子提出了种种大同社会的理想模式。老子的理想模式是“甘其食,美其服,安其居,乐其俗。邻国相望,鸡犬之声相闻,民至老死不相往来”的小国寡民。陶渊明描绘的是一个没有剥削、压迫,远离战争,平和安宁,衣食无忧的桃源盛世。康有为提出的是从“据乱世”到“升平世(小康)”,再到“太平世(大同)”的社会历史进程。如此种种,无不表现出人们对未来美好社会的向往和追求。

如何能够实现这种大同社会?中华优秀传统文化倡导的根本要求就是“均平、公正”。这既表现在物质利益上的平均主义,又表现在人的思想上的平等。中国传统文化认为,不公正是威胁社会稳定与和谐的最重要的因素。不平均、不公平会引发人们的不满情绪。这种情绪的累积会激化社会矛盾,最终引发社会动乱。正因如此,我国思想家对实现社会公正平等的追求从未停止。儒家提倡“有国有家者,不患寡而患不均,不患贫而患不安。盖均无贫,和无寡,安无倾”。这已经很清楚地阐明了公平、平等的重要作用。在一定层面上,做到了公平,就没有了所谓的贫困;没有了贫困,人心就会安定，社会自然安定和谐。杂家提出治天下“必先公，公则天下平”的主张。农民起义军最有号召力的口号也是公平和均等。汉末的黄巾军借助太平道的公平、均等的思想掀起了农民起义的狂潮，明代李自成起义提出了“均田免粮”的口号，清末的太平天国运动更是提出了“有田同耕，有饭同食，有衣同穿，有钱同使，无处不均匀，无处不饱暖”的大同社会建构方略。尽管这种“均平、公正”的理念不可避免地带有历史和阶级局限性，但其超前的意识及闪烁的理性光辉，也具有超越时空的强大力量，为后人提供了极其重要的思想借鉴。

中华传统文化中的“大同”可以从两个方面去理解：一方面指人际关系的和谐，另一方面指社会的安定太平。在人际关系层面，大同倡导人与人之间和平相处，和谐共生，平等相待。但在传统社会里，这种和平与平等都是有条件的，即在某一个等级范围内的平等，而不是人与人之间无差别的平等。中国古代社会是一个以家族为社会基本结构的宗法社会，等级制度极其森严。中国传统文化强调伦理秩序，主张上下尊卑，君臣有序。这种严格的等级制度在家庭、社会、国家各个层面都有非常明显的要求和体现。古代大同社会理想所提出的公平、平等也只限于某一社会阶层内部，在不同阶级间是不可能实现的，否则将被认为是破坏了祖宗礼法，社会秩序就混乱了。因此，传统的大同社会既有其积极进步的意义，也有其消极的作用，实质上是在森严的等级制度下，用“御民”的政治理念来达到一种静态的社会和谐。在社会层面，中华优秀传统文化和传统价值观主张“以和为贵”，倡导“四海之内，皆兄弟也”。这是儒家、道家共同倡导的政治智慧。老子说，“兵者，不祥之器也”。中国人尚和不尚武，反对狭隘的民族主义，反对武力和战争，反对穷兵黩武，热爱和平，宽容友爱，以礼待人。基于这一理念，大同社会的理想一定要有社会的安定太平作保障，人民才能安居乐业。这种政治智慧奠定了中华民族温和儒雅的民族个性，并产生悠久的历史影响。

从古至今，中华民族对美好生活的向往和追求从未停止过脚步。如果说由于不具备可实现的现实基础，大同社会只能是古人寄托对理想生活希冀的中国乌托邦之梦，那么，时至今日，中华民族伟大复兴的中国梦，则是中国共产党带领全国人民有能力实现且正在不断实现的奋斗目标。

天人合一表达了古人对达到人与自然和谐相处境界的追求，和而不同是中华文化辩证思维的集中体现，止于至善、自强不息、厚德载物的坚韧精神汇聚了中华民族的内在品格，民为邦本、天下大同展现了中华优秀传统文化的人本精神和博大胸怀。这些理念是中华民族在历史中积淀凝聚的思想精华，无不彰显中华优秀传统文化深邃的思想理念。

三、中华优秀传统文化的鲜明特色

中华优秀传统文化所蕴藏的独特的精神理念、价值追求、理想境界、思想智慧、道德伦理等对国家与社会、家庭与个人产生了不可磨灭的影响，而其中所呈现的思维特征则更为深刻地印刻在人们的价值理念与行为方式之中，为中国特色社会主义现代化建设提供了深厚的历史文化背景和思维方式借鉴。这也是当今高校在弘扬中华优秀传统文化、融入思想政治教育过程中应当关注的重要内容之一。

（一）整体思维

注重整体性是中华优秀传统文化的重要思维特点。在长期的历史实践中，中华民族的生存发展始终拥有并依靠相对独立且稳定的地理环境。在自给自足的农耕经济格局和以伦理宗法为基础的社会结构中，古代天地人万物一体的整体思维方式形成了，同时万物间普遍联系的观点也形成了。在谈到中华优秀传统文化时，我们也会认识到这种注重将天地万物包含在内，整体地看待一切，从万物问的相互作用、相互影响、相互制约关系中把握事物的思维方式。例如，老子认为“道”是世间万物以其为根本规律的整体，要了解世界就要“以天下观天下”。又如《易经》《中庸》中所倡导的带有道德理想主义色彩的天人合一观念，即将德性作为中间环节贯穿天道、地道、人道而成为一个整体。再如宋代张载的“天人合一”“民胞物与”思想，明代陆九渊、王阳明的“天人一心”说等，均体现了将人同宇宙万物看成一个统一整体的思维方式。而中华优秀传统文化中的这种将人与世界相统一、认识自身与认识世界相统一的整体性思考方式经过历史的积淀已经成为存在于民族精神和价值取向之中的文化标识，进而形成了崇尚和谐、追求和平的民族性格。

（二）辩证思维

辩证思维在中华优秀传统文化中凸显智慧。如阴阳互补、动静相宜、盛极而衰、防微杜渐、相反相成、执两用中等都是广泛流传的思想理念，体现着古人对事物发展规律的认识和在现实政治社会生活中的处世哲学。从历史上看，中华优秀传统文化中的辩证思维早在先秦就已经萌芽，“阴”“阳”概念和符号的出现，伏羲八卦的产生，“和实生物，同则不继”命题的提出等，都是辩证思维的闪光点，而老子、孔子、孙子等则较为系统地提出了各具特色的辩证思想。老子以“道”和“太极”概念为基础，提出了“弱之胜强，柔之胜刚”的思想，论证了“无为”与“有为”的辩证关系，用“道生一，一生二，二生三，三生万物”“祸兮，福之所倚；福兮，祸之所伏”等论述阐明了道家辩证思想。孙子著《孙子兵法》，将丰富的辩证法思想运用于充满阳刚之气的军事斗争，提出了“知彼知己，百战不殆”“不战而屈人之兵，善之善者也”等著名军事战略命题，在实践中推进了辩证思维的发展。孔子阐述的辩证思想，以“刚柔并济”的中庸之道为特色强调“过犹不及”，并在实践中贯彻这一思想，比如他为人“温而厉，威而不猛，恭而安”，主张捕猎“钓而不纲，弋不射宿”等。《周易》是儒家辩证思想的集中体现，以符号化的方式，系统呈现并论述了传统文化视野中世界运动变化的对立统一规律和事物发展的质量互变、否定之否定规律，证明了传统文化中高度的辩证思维水平。

总之，围绕辩证思维，古代思想家、哲学家们在漫长的历史过程中不断充实、丰富辩证思想的内涵，最终一个较为庞大、完整的辩证法理论体系形成了。尽管一些内容包含了一些消极的、非科学的成分，但也为中华文化的发展成熟奠定了坚实的哲学思辨基础。客观认识传统文化中的辩证思维特色，为我们今天深入理解和把握民族思想文化提供了重要的切入点和观测点。

（三）历史思维

中华优秀传统文化历来重视古今传承，认为应当对历史变迁进行积极考察，“通古今之变”，汲取治国平天下的智慧。这种以古喻今、以史为鉴、省察历史的思想，使中华民族在不断收获启迪与启示中繁衍生息，稳步前行，并在长期的历史积累过程中形成了深刻的历史思维。具体来看，一方面，人们普遍认为历史是前后相继、有规律可循的。东汉王充认为：当一个国家处在衰落混乱的时期，虽有圣贤也不能使其兴盛；当国家处于大治之世时，即便有大恶之人也不能使之混乱；国家的治乱之别，在于“时运”而不在于政治，国家的安危在于“气数”而不在于教化，是不是贤君和良政都无关紧要。可见，他将社会兴衰治乱的演变归结为“时”“数”“势”这种具有客观性因素的结果。这体现了其对抽象历史规律的探索，具有很大的进步性。这一观点对随后的思想家产生了深远的影响，呈现出把朴素唯物主义和辩证法运用于社会历史领域的明显倾向。另一方面，从历史发展变化趋势的角度看，传统文化总体上体现了“今胜于古”的判断。谁是历史的创造者，在推动历史的进步？关于这一问题的回答不尽相同，在传统文化中虽然有天命论和英雄史观的存在，但认为民众的力量在历史进程中也具有重要作用的观点也得到了广泛认同。例如，早在西周时期就有“天视自我民视，天听自我民听”的记载。《左传》中提到“夫民，神之主也。是以圣王先成民而后致力于神”。法家指出“上古竞于道德，中世逐于智谋，当今争于气力”。这种对历史阶段的经验主义式的划分虽然并不科学，但体现了一种朴素的以人为主体的发展的历史观。而孟子的“民为贵，社稷次之，君为轻”，黄宗羲的“天下之治乱，不在一姓之兴亡，而在万民之忧乐”等历史名句更具有深远的影响力。从总体上看，中国传统文化中的历史思维更加侧重于兴衰更迭的规律把握，对历史发展趋势、内在规律和主要动力等基本问题所提出的观点基本符合中国社会实际情况，具有客观性与进步性。

综上所述，以核心价值理念和内在思维品格为代表的中华优秀传统文化思想精华，蕴含着丰富的穿透历史的哲学思辨和思想智慧，在当今时代依然闪耀着光芒，具有突出的价值，是新时代中华文化繁荣昌盛、国家文化软实力增强的重要支撑。同时我们也应注意到，在特殊时代背景下形成的传统文化具有不可忽视的历史和阶级局限性，在汲取其中的精华时必须克服和剔除其中的糟粕，才能使之真正发挥价值与效能。

第三节　中华优秀传统文化的时代价值

从历史唯物主义和辩证唯物主义视角出发，当前的这个“现代”是历史发展变迁进程中的一个阶段，也将会成为未来人眼中的历史。换言之，文化在历史中积淀凝练，在当今时代创新发展，绵延连续，指向未来。传统与现代辩证地存在于文化之中。因此，文化的传统与现代是我们讨论文化传承与发展、考量文化价值时首先要思考的问题。

美国社会学者爱德华·希尔斯认为，传统意味着“世代相传的东西，即任何从过去延传至今或相传至今的东西。……它是人类行为、思想和想象的产物，并且代代相传。”①这揭示出民族传统文化的核心内涵来自整个民族在历史演进中创造的思想价值、信仰行为等多方面因素，是民族在改造世界的实践中积淀、共享、革新的具有生命力的精华。正因为具有这样一种稳固的精神基因，民族的生存与社会的进步才被赋予可能、秩序和意义，才使得

① 希尔斯. 论传统[M]. 傅铿，吕乐，译. 上海：上海人民出版社，2009：12.

一个特定民族能够在时代更迭与世事变迁中保持着延续与统一。通过日常的教育、生活习惯和行为规范等方式，既存的传统文化将思想价值渗透进人们内心。人们对过去文化的依赖和提取，在不同程度上影响着当下民族文化的创新和发展。因此，每一代人现在进行的文化创造活动都是站在前人的肩膀上远眺，踏着前人足迹前行。在历史演进的时空中，中华优秀传统文化不断赓续过去的精神谱系，在当下淬炼促进发展繁荣的精神血脉和基因，同时也蕴含和昭示着未来的走向。

传统为现代奠基，现代为传统引航。贯通于传统和现代之间的中华传统文化是连接时间的纽带和延续历史的动力，而不是分割古今、不可逾越的思想鸿沟。传统文化与现代化进程的关系并非相互决然排斥和对立的，而是辩证的，在相互渗透中转化、更新与变革。一方面，我们应通过中华优秀传统文化的宏大历史叙述深刻理解现代，把握民族文化由传统到现代变迁中隐含的深层精神联动，在追本溯源中强根固魂；另一方面，我们也应立足现代反观中华优秀传统文化，厘清其发展延续的坐标系和路线图，在新时代充分展现和发挥中华优秀传统文化所具有的穿透历史的内在价值。

一、传承民族的文化基因与精神血脉

马克思、恩格斯曾说：“一切划时代的体系的真正的内容都是由于产生这些体系的那个时候的需要而形成起来的。所有这些体系都是以本国过去的整个发展为基础的，是以阶级关系的历史形式及其政治的、道德的、哲学的以及其他的后果为基础的”①。中华优秀传统文化在历史锤炼中继承发展而来，是博大而深厚的思想文化体系，是中华民族集体智慧的结晶，是安身立命的精神基础、永续繁衍的文化血脉，更是中华民族绵延不绝的“根”和“魂”。中华民族在漫长的历史发展过程中也曾遇到过无数次的内忧外患，政权更迭，水火战乱，正是优秀传统文化塑造的坚韧不拔、自强不息的民族精神，使她获得生生不息的强大生命力。习近平总书记曾指出，“优秀传统文化是一个国家、一个民族传承和发展的根本，如果丢掉了，就割断了精神命脉”。中华优秀传统文化“体现着中华民族世世代代在生产生活中形成和传承的世界观、人生观、价值观、审美观等，其中最核心的内容已经成为中华

① 马克思恩格斯全集：第3卷[M].北京：人民教育出版社，1960：544.

民族最基本的文化基因”①。

中华优秀传统文化是中华民族的文化根基，是民族精神的生动呈现。梁启超在其著名的《新民说》中曾强调：“凡一国之能立于世界，必有其国民特具之特质，上自道德法律，下至风俗习惯，文学美术，皆有一种独立之精神，祖父传之，子孙继之，然后群乃结，国乃成。斯实民族主义之根柢源泉也。我同胞能数千年立国于亚洲大陆，必具所具特质，有宏大高尚完美厘然异于群族者，吾人所当保存之而勿失坠也”②。可见，一个民族在长期生活中所形成的“其国民特具之特质”的根基在于集体的公共认同。而中华优秀传统文化就是这种“特质”的集中概括和表达，代表着中华民族共同体的集体人格、共同的价值取向，是凝魂聚力的民族精神纽带，也是延续民族生命的精神图腾。

总之，从历史角度看，中华优秀传统文化是中华民族生生不息的文化基因和精神家园，培育了共同坚守的民族精神和理想信念；从时代角度看，它是当今全球化时代，保持民族精神的独立性，提升民族与国家的认同感，进而形成道路自信、理论自信、制度自信的历史依据与深层基石，是坚定青年一代文化自信的重要基质，为实现中华民族伟大复兴的中国梦、推进现代化建设提供了源源不断的精神力量。

二、熔铸和培育时代精神的沃土

中国特色社会主义现代化的过程，也是文化现代化、人的现代化的过程。而“当代中国是历史中国的延续和发展，当代中国思想文化也是中国传统思想文化的传承和升华”③。由此可见，加强对中华优秀传统文化的研究与阐释、传承与创新，是建设社会主义文化强国的重大战略任务，对于更好地传承中华文脉，全面提升人民文化素养，培育担当民族复兴大任的时代新人，维护国家文化安全，增强国家文化软实力等诸多方面都具有深远影响和重要意义。正如习近平总书记指出的，“中华民族具有五千多年连绵不断的文明历史，创造了博大精深的中华文化……经过几千年的沧桑岁月，把我国

① 习近平在纪念孔子诞辰2565周年国际学术研讨会暨国际儒学联合会第五届会员大会开幕会上的讲话[N]. 人民日报，2014－09－25(2).

② 梁启超. 新民说[M]. 宋志明，选注. 沈阳：辽宁人民出版社，1994：8.

③ 同①.

56个民族、13亿多人紧紧凝聚在一起的，是我们共同经历的非凡奋斗，是我们共同创造的美好家园，是我们共同培育的民族精神，而贯穿其中的，更重要的是我们共同坚守的理想信念”①。这深刻阐明，正是由于中华优秀传统文化在传承中形成了中华民族独特的向心力、凝聚力，才在历史演进中逐步融通、熔铸成了民族精神。这一中华民族强大的精神原动力，在向着富起来的奋斗目标挺进中不断与开放的时代特征结合，形成了以改革创新为核心的时代精神；在新时代新征程进行新的伟大社会革命中，形成了伟大的奋斗精神、创新精神、团结精神、梦想精神。在当今时代，中华优秀传统文化依然是维系中华民族不畏艰险、矢志不渝、团结奋进的精神纽带，是实现中华民族伟大复兴中国梦的精神力量之源。因此，传承与发展中华优秀传统文化，不仅有助于保持对历史的敬畏，对民族精神的尊重，还有益于充分运用其深厚的文化血脉与土壤，滋养时代精神，以文化人、以文育人，培树新时代青年，延续民族共同的理想信念、思想观念与价值追求。可以说，“没有文明的继承和发展，没有文化的弘扬和繁荣，就没有中国梦的实现”②。

三、推动世界和平发展的中国智慧

中华民族历来爱好和平，中华优秀传统文化蕴含着丰富的和平思想，是中华民族精神的重要内涵。“礼仪之邦”“协和万邦”“德莫大于和”等观念，深深地扎根于中华民族的文化传统之中。“亲仁邻善”“讲信修睦”等观念，充分表现了中华民族在处理民族问题上的宽广胸襟。郑和七下西洋，玄奘印度取经，鉴真东渡扶桑……这些史实都是中华民族与其他国家和民族和平共处、增进文化交流、发展友好关系的历史见证。

当今世界，和平与发展是时代主题，但是国际上的矛盾摩擦依旧从未间断，综合国力的竞争无处不在。这就使得文化在国力竞争中的地位和作用更加凸显，越来越成为民族凝聚力和创造力的重要源泉。在当今世界大发展、大变革、大调整过程中，多样化的思想文化交流、交融、交锋更加频繁，国内经济社会转轨转型也迎来深刻变革的关键时期，思想与价值观念日益活

---

① 习近平在第十二届全国人民代表大会第一次会议上的讲话[N]. 人民日报，2013－03－18(1).

② 习近平在联合国教科文组织总部的演讲[N]. 人民日报，2014－03－28(3).

跃。这些复杂变化借助迅猛发展的现代传播技术广泛传播，在全世界范围内构成了和平发展的严峻挑战；同时，文化交流、思想与价值的互动也带来了文化传播与借鉴的机遇。中华优秀传统文化在这一背景下彰显了其特有的魅力与重要价值。习近平总书记指出："中华优秀传统文化是中华民族的精神命脉，是涵养社会主义核心价值观的重要源泉，也是我们在世界文化激荡中站稳脚跟的坚实根基。"①从全人类发展的角度看，中华优秀传统文化还在促进世界和平、友好发展，减少和化解生态危机，减少和化解不同文明间、国与国之间的矛盾冲突等方面都发挥着越来越重要的参考、借鉴作用。习近平总书记多次论述了"人类命运共同体"思想，明确提出了"构建人类命运共同体，实现共赢共享"的中国方案。其中就包含了中华优秀传统文化中"天人合一"的哲学思想、"和而不同"的文化理念与"协和万邦""万国成宁""天下为公""天下大同"的政治愿景，不仅为构建人类命运共同体提供了重要的思想资源与智慧借鉴，同时对促进国内外达成理念共识，促进形成以发展、合作、共赢为核心的新型国际关系发挥着积极意义。从育人育才的角度看，深刻认识中华优秀传统文化的世界意义，对坚定青年学生的文化自信，形成宏大的历史视野、宽广的世界胸怀具有重要作用。

纵观中华优秀传统文化，结合今天社会主义的理论成果，我们更应增强中华民族文化自信，把跨越时空、超越国度、富有永恒魅力的中华优秀传统文化从过去引向未来，分享属于中国，也属于世界的人类智慧之光。

---

① 习近平在文艺工作座谈会上的讲话[M].北京：人民出版社，2015:25.

第二章 大学生思想政治教育概述

第一节 大学生思想政治教育的含义及特征

一、思想政治教育

(一)思想政治教育的概念

关于思想政治教育这一概念,有学者认为,思想政治教育是指一定的阶级、政党、社会群体遵循人们思想品德形成的发展规律,用一定的思想观念、政治观点、道德规范,有目的、有计划、有组织地对其成员施加影响,使他们形成符合社会和阶级所需的社会实践活动。还有一些学者认为,思想政治教育这一社会实践活动指的是一定阶级或政治集团,为实现一定的政治目标,有目的地对人们施加意识形态的影响,以期转变人们的思想、指导人们行为的社会行为。这些学者对思想政治教育这一概念,都是从思想政治教育的实施过程方面来定义的,指出思想政治教育必须首先符合党和国家发展的需要,进而借助具体的行为来促使社会中人们观念的形成。它更多的是从党和国家层面来描述,并不能反映思想政治教育客体的内在思想认识和生活需求。

思想政治教育是国家、民族进步和个人发展所迫切需要的。社会不断向前发展,个人也不断产生新的需求。基于这种情况,党和国家经过科学统计和设计,提出一些有益于社会和个人发展的方针与政策。思想政治教育的实施需要借助一定的手段,有目的、有针对性地对人们施加一些约束和教育引导,以符合时代进步的思想需求。我们国家坚持以人为本,坚持人民的主体地位不能动摇,所以思想政治教育更多的是反映人们的需求一不同时代背景下人们思想文化的需求,或者主流价值观的需求。比如马克思主义中国化就是双方选择的结果，中国的国情和发展态势决定了我们必须要选择马克思主义，马克思主义也在中国发挥了自身的价值。

(二)思想政治教育与思想工作、政治工作、思想政治工作的关系

思想政治教育与思想工作、政治工作和思想政治工作等既有区别又有联系。或者说，思想政治教育这一概念就是从思想工作、政治工作和思想政治工作等概念中得来的。

思想工作，是改变人的思想意识，通过交流引导而实现一定思想目标的活动。这个目标是由思想政治教育主体所确定的，同时需要思想政治教育客体意识到或了解到的一个思想内容，往往用说服或是介绍性的讲述等方式来表达。思想工作的范畴广泛，小到柴米油盐，大到国家大事，都有所涉及。思想工作包含的更多的是思想意识的碰撞，个人对个人、个人对群体、群体对个人，或是群体对群体，都是进行思想工作的方式。思想工作的进行也是产生和传播文化的过程，它的发生没有具体的限制，多是用于帮助那些与社会或是自身发展不符的个体。

政治工作，就是以贯彻国家意志为主旨，长期对人民有组织地进行宣传引导的工作。政治工作具有很强的针对性，无论是思想上的引导，还是一些具体方针政策的实施，都是为了确保国家的正常运行和发展。政治工作具有强制性，强硬地推行一些方针政策在维护国家稳定方面发挥着极其重要的作用。政治工作在生活中又有一定的监督作用，一旦发现不利于国家和人民的思想或行为，便应及时去说服矫正。

思想政治工作综合了思想工作和政治工作，既可以说是政治工作中思想方面的工作，也可以说是思想工作中政治方面的工作。思想政治工作实施起来更加具体，在生活中落实意识形态工作，使社会个体统一于社会主流思想，从而发挥每个人的力量，推动社会向前发展。

思想政治工作与思想政治教育常常作为同义词使用，但二者并不完全相同。思想政治工作侧重于工作性质，需要完成一定的任务量，量化相关传播发展工作，引导社会中的个人把握社会主流意识形态，从而使个体形成有利于国家和人民的世界观、人生观、价值观。而思想政治教育则侧重于思想政治教育的影响力，具有教育引导的作用。

二、大学生思想政治教育

大学生是推动社会进一步向前发展的关键因素，是社会发展的引导者和建设者。国家时刻关注着大学生，满足他们成长过程中的各种需求，研究如何使大学生努力追求理想抱负，实现自身价值；同时积极研究如何使得社会中各方力量可以更加有效地配置，使每个人可以尽情地释放自己的才能。在此过程中，国家相应地进行研究和探索，从而构建思想政治教育的体系，制订适合国家和社会个体发展的目标和方法，以帮助大学生更好地结合自身优势，认清自己在社会发展中的角色和位置，形成符合社会主流思想的世界观、人生观、价值观。

作为比较特殊的一个群体，大学生成了社会发展的新一代生产力，他们的独立性是相对突出的。大学阶段是青年世界观、人生观、价值观形成的关键时期。在这一时间段里，大学生会逐渐确定自己的优势和喜好，认真思考未来的发展方向，为人生的下一阶段做准备。为此高等学校需要积极进行大学生思想政治教育，帮助大学生塑造符合国情发展的、促进自身进步的世界观、人生观和价值观。大学生的思想政治教育可以分成两部分：一是思想品德，二是政治素养。思想品德是做人的根本。大学生首先需要知道要做一个什么样的人，了解什么是正确的思想作风，建立自己的底线和良知，知道什么可以做、什么不可以做。这样大学生才是一个健康的人，一个有利于社会和国家的人。政治素养不可或缺，是政治态度、政治立场和政治理念的综合体现。个人的生存发展离不开社会，我们需要了解自己，更需要了解社会。只有这样我们才能在实现自身价值的同时，为国家的发展繁荣贡献自己的力量。

大学生的思想政治教育是以教育为中心，以思想政治教育为理论指导，对大学生学习、生活、实践提供帮助的一种教育。它注重大学生的具体思想特点和实际生活需求，有利于拓宽大学生的视野，形成社会主义建设者的主人翁意识，从而引发大学生对自身发展和社会定位的思考。党和国家也会通过分析大学生的思想发展水平，制订与之相适应的大学生人才培养计划，提出具体的行为规范准则来督促和约束高等院校和大学生，不断调整相关方案以适应社会的发展和人才的培育。各大高等院校也应该积极响应国家政策，以立德树人为前提和根本，将思想政治教育与大学生专业课程相融合,更加紧密地联系大学生的生活实际,帮助大学生养成良好的行为习惯。各大高等学校的教师也要依照国家对大学生人才培养计划的相关要求,根据各自学校学生群体的特点,采取适合的方法和途径来更好地提高大学生思想政治素养,进而促进大学生全面发展。

我国的大学生思想政治教育,简单来说,就是通过对国家社会政治、经济、文化等各个方面的发展情况进行统筹规划,根据国情制订并实施相应的人才培养计划,并将这些计划落实到对大学生的素质教育和心理健康教育的引导等实际工作当中,从而使大学生可以发挥所长,养成健康的道德品质、心理素养和政治素养,成为社会主义建设者和接班人,并更好地实现个人价值。

三、大学生思想政治教育的特点

(一)长期性

大学生思想政治教育是一个长期的过程,它的效果是慢慢显露的,受教育者需要一定的实践来消化和吸收所获得的有关知识。大学生思想政治教育也是一个漫长的过程,不仅需要在课堂上传递知识,还需要渗透到学生生活当中。大学生在生活、实践中会逐步掌握思想政治教育的理论知识,从而规范自己的日常行为,规划更加美好的未来,进而更加有效地朝着自己的理想靠近。大学生思想政治教育是与时代相联系的,而且受到周围群体的影响。接受了思想政治教育的大学生们在生活中互相影响,从而形成了独具特色的思想体系。思想政治教育中,大学生所处的环境对思想政治教育的效果产生了极大影响,整个社会对人思想的形成一直都有着潜移默化的影响。社会不断变化,所以大学生思想政治教育也应不断变化。

思想政治教育是一个长期的过程。面对不同的对象,思想政治教育的实行方式就要做出相应的改变。只有教育者做到因材施教,才能更好地完成思想政治教育的任务。社会在不断发展,每一代人的个性都不同,每一代都需要接受思想政治教育。因此,思想政治教育的方法需要不断改进以适应时代的发展,必须选择受教育者易于接受的方式进行思想政治教育,以便于受教育者真正理解思想政治教育的内涵,便于他们进行社会实践,在实际生活中体会思想政治教育的精髓。大学生思想政治教育的内容与实施方法需要不断更新,与大学生的实际生活相结合,通过各种途径来提升大学生思想政治教育素质，帮助大学生树立正确的世界观、人生观、价值观，使大学生更加清楚地认识自身，最终促进大学生的发展。

大学生思想政治教育要符合国家人才培育的标准。大学生来自全国各地，不同地区的大学生有着不同的特点，所以大学生思想政治教育的标准不能是统一的。高校应采取不同的方式帮助大学生掌握和理解思想政治教育的内容。另外，来自不同地区的大学生对教育内容的掌握程度不一，学习速度也不同，使得大学生思想政治教育成为一个长期的过程。

（二）基础性

大学生思想政治教育的内容是以大学生成长的特点为基础，对大学生的实践经验进行总结而形成的理论精华。大学生思想政治教育渗透在大学生的日常生活之中，在他们生活的方方面面都起着很重要作用，是大学生进入社会的坚固基石之一，也是大学生学习和生活有序进行的根本保障。大学生思想政治教育的内容是每位大学生都必须掌握的基础知识，是除了专业技能之外的重要知识技能。人的思想指导着行为，大学生思想政治教育是对大学生追求理想的指引，可以让大学生在真正了解自己的同时对社会也有一个清醒的认识，并坚定自己的理想信念，分析自己在学习生活中遇到的困难，从中得到宝贵的经验，进而顺利成长。各高校都高度重视对大学生的思想政治教育，尽其所能地给大学生提供更容易接受的、更符合时代潮流的、更易于理解的思想政治教育课程。

大学生需要思想政治教育给予指导和帮助。大学生思想政治教育有助于大学生在实践过程中形成自己的人生观、世界观、价值观。这些观念的形成必然会影响他们的学习和生活。思想是行为的先导。大学生在思想政治教育的指导下能找到适合自己发展的方向、确定人生理想，在思想政治教育的帮助下能更好地发挥自己的价值。大学生思想政治教育就像指路的灯塔为大学生指引前进的道路，让他们更好地在人生舞台上发光发热。

（三）整体性

大学生思想政治教育已经发展为一个完整的体系，其中包括高校编纂的思想政治教育教材、高校开设的各种思想政治教育课程和社会实践活动，以及校园环境带给学生的文化熏陶。大学生思想政治教育时刻关注大学生的思想发展动态，使他们能够客观地看待各种社会现象，并教导大学生融入社会，同时促使大学生与社会共同进步。

思想政治教育以大学生的发展为基础，可以系统地为大学生指引方向，解决大学生在生活和学习中遇到的种种问题。大学生在成长的过程中会产生一个又一个困惑，而大学生思想政治教育可以在大学生感到困惑的时候给予他们帮助。思想政治教育伴随大学生成长的每一个时期。大学生思想政治教育的范围很广，不仅包括高校内的大学生思想政治教育，也包括大学生的家庭及其所处的社会环境所带来的无形的思想政治教育。大学是大学生正式进入社会前的预热，也是大学生思想转向独立的重要时期。高校思想政治教育能够帮助大学生群体以正确的观点认识社会，站在一个更高的层次看待世界。大学生既要了解我国国情，也要了解国际发展状况。他们在校期间接收的各种信息都会直接影响其人生观、价值观和世界观的形成。

大学生思想政治教育需要将家庭、高校和社会生活的方方面面都结合起来，共同构建适合大学生健康发展的社会环境。高校的课程设置在一定程度上影响着大学生思想的发展方向，学校组织的社会实践活动使学生得以真实地接触社会。高校教师要注意大学生日常的行为举止，并从中发现问题，引导大学生找准自己的定位；要注重对大学生的价值观进行检验，评估大学生的品德行为。唯有各方面工作紧密结合，才能真正做好大学生思想政治教育，培养社会主义有为青年。

第二节 大学生思想政治教育的内容及方法

一、大学生思想政治教育的内容

大学生思想政治教育的内容是以大学生的思想为基础，结合社会的发展和形势变化而形成的。大学生思想政治教育的目标和要求决定了思想政治教育的内容是可操作的、全面而广泛的。大学生思想政治教育的内容不仅体现了思想政治教育的性质，而且是实现思想政治教育目标和任务的重要保证。为了便于进一步了解大学生思想政治教育的具体内容，笔者从以下五个方面分别进行讲解。

（一）政治教育

当代大学生思想政治教育内容的根本就是政治教育。马克思主义基本原理和中国化的马克思主义是政治教育的主要内容。

马克思主义基本原理在大学生思想政治教育中占有重要地位，是高校进行思想政治教育的主要理论和必修课程，是增强高校学生马克思主义修养的重要举措。大学是学习理论知识的重要时期，大学生通过马克思主义理论的学习来提升自己是十分重要的。马克思主义的辩证唯物主义和历史唯物主义是最基本的世界观和方法论，唯有掌握马克思主义基本理论才能站在更高的层面上看待世界。我国是社会主义国家，马克思主义理论指导我们建设社会主义新中国。作为中国特色社会主义事业的建设者和接班人，大学生要坚定马克思主义信仰。

中国化的马克思主义是马克思主义基本原理同中国具体实际相结合的产物。在如今的社会中，用中国化的马克思主义去教育青年，有利于他们坚定马克思主义信念，真正掌握马克思主义中国化的具体内涵，并树立正确的人生观、世界观和价值观。

(二)思想教育

大学生思想政治教育内容的核心是思想教育。思想教育包括人生观教育、世界观教育、价值观教育与理想信念教育。

1.人生观教育

人生观指的是人们对人生问题的基本观点与根本看法。它是一个人人生理想的体现，决定着一个人的行为方式和生活态度。由于人的生活环境不同，受到的教育程度不一，因而每个人有不同的人生观。正确的人生观是一个人取得成就的基石，是正确面对社会现状的前提。正确的人生观可以指引一个人不断前进，在取得辉煌成就的同时，成为一个有益于社会发展的人。

大学生的人生观教育是党和国家十分关注的一项重要教育内容。大学期间是人生观形成的重要时期，高校通过思想政治教育能够引导大学生树立正确的人生观，让大学生通过各种社会实践了解真实的社会。人生观教育还会让大学生明白何为正确的人生观，从而让大学生遵守正确的行为规范，坚定自己的理想信念，进而树立正确的人生观。

2.世界观教育

世界观指的是人们对整个世界的基本观点与根本看法。世界观教育是关于理想与信仰的教育。好的教育可以引领正确的、积极的世界观。如今大学生世界观教育的主要内容是辩证唯物主义、马克思主义认识论和历史唯物主义。

世界观对人的重要性不言而喻。大学时期是大学生形成正确世界观的关键时期。世界观教育是思想政治教育的重点。正确世界观的树立不仅需要大学生接受思想政治教育，还要求他们将知识应用于社会实践。只有在不断的实践活动中，在实践的反思中，正确的世界观才能最终形成。大学生不仅要具备马克思主义理论与共产主义理想，在实践中还要遵循马克思主义基本原理的要求。

3.价值观教育

价值观指的是人们对于世界上各种事物价值的看法，是人们对价值具体观点的定义。价值观的最后形成是人们的认识与实践相互统一的结果。每个人做出的选择都要以一定的价值观为指导。每个人的价值观不同，所做出的选择也就不同。因此，正确的价值观对一个人的发展起着至关重要的作用。价值观教育一直以来都是我国精神文明建设的核心任务，高校的价值观教育是高校思想政治教育的基础性工作。大学生应学会正确处理集体利益与个人利益之间的关系，应对遇到的各种问题。只有通过一定的思想政治教育学习，当代大学生才能树立正确的价值观，才能分清是非善恶，才能真正地创造人生价值。

4.理想信念教育

理想信念是一个民族、政党以及国家的动力源泉与精神支柱。而理想信念教育是高校学生思想政治教育的重点。大学生要树立科学理想，立志将我国建设成一个社会主义现代化国家，实现中华民族的伟大复兴；要坚定社会主义崇高信念，坚持党的基本理论、路线不动摇，坚定不移地走中国特色社会主义道路。理想信念教育的目的之一就是解决“四信”问题，即牢固树立对党的科学理论的信仰，坚定走中国特色社会主义道路实现中国梦的信念，增强对党和政府的信任，增进对以习近平同志为核心的党中央的信赖。大学生只有具备了社会主义的远大信念，才能不断向前进，为社会主义建设做贡献。

大学时期是大学生世界观、人生观与价值观形成与发展的重要时期，青年的理想信念也是在这一时期逐渐形成的。这些观念的形成对大学生以后的人生道路有着不容忽视的影响。

(三)道德教育

大学生思想政治教育内容的灵魂是道德教育。道德教育的主要内容有社会主义、爱国主义和集体主义教育,公民道德教育与职业道德教育等。

1.社会主义、爱国主义和集体主义教育:时代的主旋律

社会主义、爱国主义和集体主义是时代发展的主旋律。我国是社会主义国家,在社会主义建设过程中社会主义同爱国主义是有机统一的。爱国主义是凝聚中华儿女精神力量的重要纽带,是推动国家发展的重要精神动力。集体主义是大学生思想政治教育的重要主题,涉及集体利益和个人利益,强调的是集体利益与个人利益的辩证统一。

社会主义、爱国主义和集体主义教育是统一的整体,在开展爱国主义教育的同时,还必须进行社会主义教育以及集体主义教育。其中社会主义教育以加强党的基本理论和路线教育为主,集体主义教育以热爱集体、甘于奉献为核心。

2.公民道德教育:提升公民素养的有效途径

公民道德教育是大学生思想政治教育基本内容的重要组成部分。公民道德教育要求提高公民的整体道德修养,以基本道德规范为基础,逐步提升公民素质。这就要求高校学生应认真贯彻落实《公民道德建设实施纲要》,坚持为人民服务,坚持集体主义原则、诚实守信,开展社会公德、职业道德和家庭美德教育学习。大学生要遵守"爱国守法、明礼诚信、团结友善、勤俭自强、敬业奉献"的基本道德规范。高校要经常开展道德实践活动,将道德实践与大学生的学习相结合。通过社会实践将道德教育真正应用于生活,大学生应不断完善自身的行为,从身边的具体小事做起,培养良好的道德品质。

3.职业道德教育:规范行为的依据

思想政治教育对于高校各种培养目标的实现具有重要作用。高校培养大学生的目标之一就是提升大学生的职业道德。大学生对待职业要有良好的态度,只有态度端正才能在岗位上创造价值。大学生走上工作岗位后为

社会主义现代化建设事业努力工作是时代赋予的使命。因此，大学生不仅要在政治方面做出正确决定，更要在职业生涯中保持良好的工作态度。

正规的职业道德教育能使大学生在工作中可以游刃有余地处理各种事务，以职业道德规范来规范自己的行为。

(四)法治教育

大学生思想政治教育内容的关键是法治教育。提高公民的法治观念，增强公民的法治意识是大学生思想政治教育的重要内容。法治教育的内容包括民主法治教育、人人平等教育和权利义务教育等。

1.民主法治教育

民主法治教育有助于构建和谐社会，促进社会公平正义的实现。提升公民的法律意识在社会主义和谐社会的建设中占有重要地位。大学生的法治教育的进程直接影响着我国和谐社会的构建以及社会主义法治国家的建设。对大学生个人而言，民主法治素养的提升有助于其更好地在社会上立足。

大学生是社会主义和谐社会的建设者，因此，大学生的民主法治素养对社会主义和谐社会的建设有着巨大影响。在进行民主法治教育时，必须将民主与法治两方面结合起来。民主法治建设对大学生的人生观、价值观的形成也有很大影响，也会在一定程度上影响大学生的日常行为。大学生只有在学习专业文化知识的同时提高民主法治素养，才可以成为真正推动社会主义和谐社会建设的主力军。

2.人人平等教育

我国宪法明确规定：中华人民共和国公民在法律面前一律平等。法律面前人人平等是我国宪法明确规定的基本原则之一，也是社会主义法治观念的核心内涵之一。法律面前人人平等的含义可以分为两方面：一方面指机会平等，另一方面指权利平等。在大学生的思想体系中，平等观念根深蒂固：其表现在教师与学生的关系上，即师生平等，老师尊重学生个性等；其表现在同学之间，即平等的竞争机会，平等的就业待遇。人人平等是社会水平整体提升的标志。

3. 权利义务教育

中国合法公民相应地享有宪法和法律赋予的权利并承担相应的义务。权利和义务是相统一的。对大学生进行权利和义务教育要通过思想政治教育课程来进行,在课堂上专门讲解权利和义务的理论,通过行为规范来有针对性地进行权利与义务教育,提升大学生的权利与义务意识。我国现行法律和新修订的《普通高等学校管理规定》等不仅规定了大学生的权利,也规定了大学生应承担的义务和责任。

(五)心理教育

大学生思想政治教育内容的基础是心理教育。心理教育包括心理健康教育、心理潜能开发教育和心理矫正教育。

1. 心理健康教育

素质教育的目标之一是全面开展心理健康教育。心理健康是指人对自我和世界的认识。心理健康表现为正常的心态,较高的自我控制能力,没有人格缺陷。大学时期是心理问题高发的时期。各种心理问题对大学生的正常生活和学习产生了影响,危害了大学生的身体健康。在这种情形下,加强大学生的心理健康教育已经刻不容缓。在这个开放的时代,只有富于冒险精神、创新精神、竞争精神的大学生才能成为强者。具备这些素质的前提是具有良好的心理素质,所以心理健康教育在大学生思想政治教育中占有重要地位。

2. 心理潜能开发教育

心理潜能开发教育是大学生心理教育的重要内容。潜能就是潜藏于大脑深处的、未被开发的能力。因此,教师不仅仅要教给学生专业知识和技能,更重要的是开发学生的潜能,引导大学生认识自己的潜能,主动发挥自己的主观能动性,从学习中获得乐趣和创造力。心理潜能开发教育对大学生的人生发展有着极大的作用。

3. 心理矫正教育

心理障碍通常是指由不良刺激引起的心理功能失调。大学时期是人的思维活跃度较高的时期,也是心理障碍易发的时期。高校与社会应该高度重视对有心理障碍的大学生的心理矫正，用无尽的关怀让学生敞开心扉，了解他们的烦恼，然后解决问题；用鼓励的方式帮助学生建立自信，提高学生的自信心；用多种活动调节学生的情绪。

二、大学生思想政治教育的途径

（一）将理论和实践结合起来

大学生思想政治教育要坚持理论与实践相结合的原则。思想政治教育的对象是大学生，因此大学生思想政治教育要与大学生的生活相联系。只有这样才能增强大学生思想政治教育的效果。关注大学生的日常生活及他们的思想发展，有助于找到更好的方式开展大学生思想政治教育。只有了解了大学生的生活和兴趣，选择大学生易于接受的方式，在其生活和学习中渗透思想政治教育，才能收到更好的教育效果。大学生思想政治教育必须以大学生的生活和学习方式为基础，选择合适的方法来进行，再加上恰当的指导，让大学生主动积极地接受思想政治教育，提升道德品质和政治素养，从根本上解决大学生发展过程中的多种疑惑。

大学生思想政治教育的主要目的是促进大学生的全面发展。这就要求将帮助大学生解决实际问题作为首要任务。通过各种方式深入地了解大学生在学习和生活中遇到的各种困惑，及时采取恰当的方式帮助大学生解决疑惑。可以通过与大学生沟通，有针对性地开展社会实践活动，举办相关讲座等多种途径来帮助大学生。大学生在成长的道路上有所困惑不可避免，但困惑的种类却不相同，有些具有极强的个人色彩，有些是大多数人都会遇到的。教师要根据实际情况来分辨大学生困惑的性质，进一步分析大学生的思想，尽可能地达到教育的最好效果。

大学生思想政治教育要求理论与实际相结合。联系大学生的实际生活和学习，可以在生活和学习实践中锻炼大学生的思想政治素质，也可以激发大学生的积极性，更好地掌握大学生思想政治教育的理论内涵，使大学生主动地调整生活方式和行为习惯，引导大学生树立正确的理想信念和价值观。

（二）将继承与发展结合起来

高校的思想政治教育是一个完整的教学体系，包括国家统一编写的教材、人才培养的明确要求、优秀的教师队伍等。高校的思想政治教育理论课程的主要教授内容是马克思主义理论、中国具体国情下的社会主义理论等，能使大学生明白何为社会主义，熟练掌握马克思主义，并运用学到的理论解决实际问题。

理论的源头是实践，高校思想政治教育的内容是我国在很长时间内不断总结、概括出来的思想精华，在不同时期会不断加入社会发展中出现的新问题和新情况。实践在大学生思想政治教育的理论课程中占了很大一部分，理论是丰富实践经验的总结。大学生思想政治教育要在这些经验的基础上进一步发展，在不断完善的过程中借鉴历史上思想政治教育的优秀实践经验，联系现代社会的新情况和大学生群体思想的发展现状，不断保持大学生思想政治教育的先进性和先导性。改革开放的逐步深入使思想文化更趋向于多元化，整个社会也向多元化方向发展。大学生思想政治教育是一个开放的、不断前进的体系，以当前的具体国情和大学生的思想政治素养为基础，不断地加以完善。像这样不断更新的思想政治体系才富有生命力，才能更好地促进大学生发展。

大学生思想政治教育具有科学性。教师要不断对社会发展中出现的各种问题进行总结和归纳，从而得出经验教训，找出思想政治教育的规律。大学生思想政治教育的过程就是一个不断继承和发展的过程，不断根据社会具体情况的发展来进行相应的调整。只有这样才能完成为国家培养人才的任务，才能促进学生的全面可持续发展。

第三节　中华优秀传统文化与思想政治教育的关系

正确认识中华优秀传统文化与思想政治教育的关系是当代思想政治教育实现科学发展的思想前提。传统文化与当代思想政治教育在教育对象、内容、方法上存在诸多一致性，思想政治教育应借鉴传统文化资源强化教育对象的文化自信，坚定教育对象的理想信念，进一步推进社会主义核心价值观的培育及践行。

一、中华优秀传统文化是思想政治教育的历史场景

古语云："传者，相传继续也""众丝皆得其首，是为统"。无论是"传"，还

是“统”，都具有时间上的延续性以及前后相继的关系。当前，我们之所以能清晰地了解到数千年前的社会生活状况，能清晰地把握文化在各个阶段的发展变化，能通晓汉字的音形演变过程，正是由于传统文化发挥了记事、载道、化人的作用。每个人都生活在传统之中，谁也不能脱离传统而生存。当我们能够独立开展社会实践的时候，传统文化已经通过社会化教育的方式进入我们的思维习惯。传统文化就是“既定的，从过去承继下来”的历史条件。它是当代思想政治教育的重要文化背景，思想政治教育要实现科学化的发展就不能不重视传统文化的作用。

当代思想政治教育必须重视传统文化的一个重要原因是，其核心内容也来自传统文化。传统文化不是静止不变的，而是跟着时代的变化而变化，在不同的阶段有着不同的特点。特别是近代以来，传统文化在接纳马克思主义的基础上，其内涵得到了丰富和完善，呈现了新的气象，形成了新的传统。

二、中华优秀传统文化与思想政治教育的价值契合

思想政治教育作为晚于广义文化而出现的文化子系统，本质上是基于对传统文化的反思、甄别、借鉴而形成的价值观教育，涉及人们的理想、信念和信仰的确立或改变。其作为社会共同体得以存续和文化传承的重要渠道，对凝聚社会共识、引导主流观念具有重要作用。它在当代的核心问题是如何在马克思主义的指导下实现传统性与时代性的统一。从根本上讲，这种统一有着内在的逻辑基础，毕竟它们作为“思想”的上层建筑或“观念”的上层建筑，都是由物质生产关系所决定的，二者存在诸多相关性。这些内在的联系为思想政治教育借鉴传统文化提供了历史的基础和现实的可能。

三、以中华优秀传统文化提升思想政治教育的时效性

传统文化作为沉淀在国人心中的集体意识，以潜在的方式时刻影响着国人的价值取向、思维习惯、生活观念、行为方式等各个方面。当前，推进传统文化创造性转化、创新性发展，实现传统文化与现代文化的内在统一，把传统文化育人的内容、方法等诸多内容融入当代思想政治教育，是提升思想政治教育的有效性的重要路径。

第三章 中华优秀传统文化融入高校思想政治教育的基本问题

习近平总书记指出，“优秀传统文化是一个国家、一个民族传承和发展的根本，如果丢掉了，就割断了精神命脉。我们要善于把弘扬优秀传统文化和发展现实文化有机统一起来，紧密结合起来，在继承中发展，在发展中继承”①。在当前经济全球化、文化多样化、社会信息化不断深入发展的背景下，文化已经成为国家间实力较量的焦点之一，具有优秀民族文化素养的现代人才则成为推动国家发展的重要力量。从思想政治教育的内在属性来看，要使新时代的思想政治教育更加根深叶茂，就要不断夯实其文化根基，丰富其精神血脉。因此，加强中华优秀传统文化教育，就成为推进新时代高校思想政治教育，提高立德树人的针对性、实效性和亲和力的重要着力点与关键点，也是新时代高校思想政治教育与时俱进地实现自身育人理论水平与育人实践能力跃升的内在需要。立足时代与现实的呼唤，清晰阐释中华优秀传统文化融入高校思想政治教育之所以可能、之所以必要、之所以可行，是首先要回答的基本问题。

第一节 中华优秀传统文化融入高校思想政治教育的可能性

在展开对可能性的探讨之前，首先要说明的是何为融入。融，在这里的含义是融会、融合。人，表明了两者之间的主从关系。因此，融入不是稍加引用、简单拼凑，更不是生拉硬拽、相互捆绑、牵强附会，而是指融入设计的各方面相互接纳、紧密联系、共同生长、有机融合。也就是说，在一定的语境

① 习近平谈治国理政：第二卷[M]. 北京：外文出版社，2017：313.

下，融入与融合具有相同的含义。但需要注意的是，融入也不意味着两者差异的消解，而是一种保有相对独立性的融合。融入的目标不一定是一个新的概念或事物，而是在原有事物中增加了能够相互促进的要素，发挥出更大的效能。同时，融入还具有指向性，意味着一方进入另一方领域，故而要服从于居于主导一方的指导思想。

在本书中，融入主要是指立足高校思想政治教育，着眼于立德树人，培养全面发展的新时代青年人才的目标，将中华优秀传统文化蕴含的思想理念、艺术审美、制度规范、物质生活等不同层面的精华融入其中，发挥民族历史文化精华培根铸魂、启智润心的重要作用，化人育人。简单地说，就是要将中华优秀传统文化与高校思想政治教育的内容进行深层、有机融合。在深入理解融入的内在含义的基础上，可以更加清晰准确地把握中华优秀传统文化融入高校思想政治教育涉及的基本问题，从而为后续研究做好铺垫。

具体来看，中华优秀传统文化具有蓬勃旺盛的生命力和博大精深的思想精华。这是它能够载道育人的根本所在。从融入高校思想政治教育的可能性角度看，融入还有赖于思想政治教育本身所具有的文化属性与文化价值，有赖于中华优秀传统文化与马克思主义共同具有的开放包容的理论品质以及紧密关系作为有力支撑。

一、高校思想政治教育具有文化属性和文化价值

思想政治教育是人类社会中普遍存在的教育实践活动，在人类社会的发展和进步过程中起到了影响社会成员，使之具有某种特定思想观念、价值取向、政治观点、道德规范的重要作用。可见，思想政治教育活动本身与文化的赓续密切相关。这就意味着将中华优秀传统文化融入新时代高校思想政治教育不仅具备实现的可能性，还具有传承延续民族思想精华的历史意义与启智润心培育青年一代的时代价值。

（一）高校思想政治教育的文化属性

文化伴随人类历史的演进而发展。“文化规范着个人人生，指导着个人人生，而有其超越于每一个个体人生之外之上的客观存在。”[①]可以说，人类社会的每一项活动都积淀了文化的意蕴。教育则尤其具有与文化同质伴生

① 钱程. 文化学大义[M]. 北京：九州出版社，2011：5.

的特点：文化对人的思想、精神、心理的影响和塑造就是一种教育，而教育实践又是对文化的传递和再造。

作为一种指向人的内在世界的教育活动，思想政治教育是“社会或社会群体用一定的思想观念、政治观点、道德规范，对其成员施加有目的、有计划、有组织的影响，并促使其自主地接受这种影响，从而形成符合一定社会、一定阶级所需要的思想品德的社会实践活动”①。这深刻揭示了思想政治教育的文化本质与内涵，文化既是思想政教育产生发展的重要前提，也是其基础与内容。可见，思想政治教育具有鲜明的文化属性。高校思想政治教育是向已经具有相当主观意识的青年学生阐释传播社会主导意识形态，进而实现引导教化的教育活动，其关键点就在于对青年学生进行思想观念、价值取向、政治认同和道德品质等方面的启示、引导、反思和塑造。而这明显更加有赖于优秀文化思想和文化精神为载体的内在传递。

(1)高校思想政治教育目标蕴含着文化追求。高校思想政治教育的根本目标在于通过核心价值理念的传递，使青年一代树立正确的世界观、人生观、价值观，构建有意义的价值世界和精神世界，促进其提高思想道德素质并实现全面发展，概言之即为立德树人。从这一目标本身出发，可以看出高校思想政治教育的目标蕴含着丰富的文化内涵和高度的文化追求。以文化人、以文育人，历来是塑造人、培养人的重要途径，因而文化也是实现高校思想政治教育目标的重要途径。文化的繁荣昌盛是全面建设社会主义现代化国家的重要领域和精神支撑。在新的历史征程中，高校思想政治教育在国家发展建设中具有更加重要的战略地位，肩负着培育担当民族复兴大任的时代新人的历史使命。习近平总书记明确指出：“高校思想政治工作关系高校培养什么样的人、如何培养人以及为谁培养人这个根本问题。”②这更加凸显了新时代高校思想政治教育蕴含的文化要求。一方面，高校思想政治教育应当加强对中华文化从历史角度的传承弘扬、理论角度的创新发展、实践角度的汲取运用；另一方面，高校思想政治教育应当着力将千年传承的中华

---

① 陈万柏，张耀灿. 思想政治教育学原理[M]. 北京：高等教育出版社，2015：4.

② 习近平在全国高校思想政治工作会议上强调把思想政治工作贯穿教育教学全过程开创我国高等教育事业发展新局面[N]. 人民日报，2016－12－09(1)。

文化血脉注入当代青年的理想与追求，用中华文化培育中华儿女，促进时代新人推进文化的不断前进。

(2)高校思想政治教育的内容蕴含着文化标识。世界观、人生观、价值观、政治观、道德观、法治观是高校思想政治教育的核心内容。这些内容的形成与发展是在中华民族文化精神的延续和历史演进过程中不断丰富而形成的，具有鲜明的民族文化特征。高校思想政治教育内容根植于民族和国家的历史实践和现实发展需要，因而只有保持高度的文化自觉，明晰文化身份，用符合中华民族的文化需要、文化心理、文化模式，适应时代发展的潮流和趋势的内容引领青年学生的思想，才能产生积极的教育作用。当前，以中华优秀传统文化、革命文化、社会主义先进文化为核心内涵的中国特色社会主义文化，是高校思想政治教育的文化标识，是其教育内容的文化支撑，更是其创新发展的文化源泉。同时，在当代高校思想政治教育过程中，围绕中国特色社会主义文化开展教育活动既是满足青年一代文化诉求的必然选择，也是文化发展创新对高校教育的内在要求。此外，随着时代的发展，全球化背景下的高校思想政治教育也更多地包含了国际视野的横向比较，通过学习其他国家文化，丰富充实自身教育内容，也是提升我国高校思想政治教育文化水平的重要举措。当然，学习借鉴不等于照搬照抄地移植他国的文化内容，而是要结合本民族的文化实际，进行借鉴和转化。只有这样才能使思想政治教育具有内容上的感染力、引导上的针对性、教育上的实效性。

(3)高校思想政治教育的方法源于历史文化积淀。在“人文化成”中展开的教育活动，必然形成与特定文化相适应的教育方法。回顾历史，在中国古代文化中占据重要地位的儒家文化就在其传承的过程中积累了许多关于教育方法的论述。例如，有教无类、因材施教、以德为先、循序渐进、长善救失、顺势而为、禁于未发、相观而善等，在现今的高校思想政治教育实践中依然具有深刻的启示借鉴意义。在革命战争年代，为了使广大人民群众牢牢掌握马克思主义理论武器，坚定共产主义理想，中国共产党运用宣传、理论学习、调查研究等正面教育方法开展早期思想政治教育，并提出了著名的“生命线”论断，为新中国成立后开展高校思想政治教育积累了方法与经验。伴随经济全球化而来的文化交流互鉴，多样的文化涌入国内。西方国家在道德教育、公民教育过程中，所运用的道德认知发展方法、价值澄清方法、社会学习方法、隐性教育方法等也进入了国内思想政治教育研究的视野。这些教育方法为高校思想政治教育提供了诸多有益的参考。当前，历史文化丰富发展过程中不断积淀融汇到高校思想政治教育的方法在教育实践中发挥着不同的作用,从不同角度提升了思想政治教育的实效性。这也从教育方法的角度再次证明了高校思想政治教育的以文化人的文化属性。

(4)高校思想政治教育中的教育主体和受教育主体同属于文化主体。高校思想政治教育具有的阶级属性和意识形态属性决定了它尤其需要教育者和受教育者之间的双向互动,而“文化譬如一大流,各个个人则只如此大流中一滴水”[①]。因此,处于文化浸润的教育主体和受教育主体在围绕哲学、政治、道德、法律等内容进行思想政治活动时,从主体角度反映了思想政治教育的深层文化基础,同时也动态、立体地呈现了思想政治教育蕴含的文化延展中的“人化”与“化人”,揭示了思想政治教育浓厚的人文精神意蕴。

(二)高校思想政治教育的文化价值

文化的传播、延续、创新离不开教育。这既是文化存续的内在要求,也是文化发展的本质规定。源远流长的文化往往拥有发达的教育系统。这一点在中华民族体现得尤为突出。中华文化绵延几千年,其重要的原因之一就在于早在四千多年前夏朝就出现了学校,中国的教育体系也随之不断发展。而以高校为代表的“学校教育的诞生,加快了人类文化积累的进程,因为它不仅通过语言传达清晰明白的意义、交流思想和感情、传授系统化了的知识和经验,使文化在一代代绵续中保存下来,而且还可借助于文字,将文字刻于书简,印于丝帛、纸张,使文化跨时代地积累和保存”[②]。由此可见,教育是实现人类优秀文化系统地代际传承的核心阵地。

(1)文化传承创新价值。文化传承与创新是文化发展的内在规律。文化传承,即是指“文化在民族共同体内的社会成员中作接力棒似的纵向交接的过程”[③],是文化积淀为传统的过程。另外,文化还具有开放、交融、革新的内驱力,是文化发展延续的灵魂和文化内在生命力的展现。在庆祝清华大学建校 100 周年大会上,胡锦涛指出:“高等教育是优秀文化传承的重要载体

---

① 钱穆.文化学大义[M].北京:九州出版社,2011:5.

② 郑金洲.教育文化学[M].北京:人民教育出版社,2000:15.

③ 张耀灿.中国共产党思想政治教育史论[M].北京:高等教育出版社,2007:270.

和思想文化创新的重要源泉"[①]。高校思想政治教育是文化传承、思想创新、提升青年文化素质的重要载体和源泉。区别于指向物质或工具的知识性教育，高校思想政治教育将继承中华民族在精神领域创造的优秀文明成果，以崇高的理想信念激励青年，以深刻的思想理论塑造青年，使他们成为堪当大任的一代新人，因此具有突出的思想政治文化传承价值。同时，高校思想政治教育为未来的发展储备人才，就必然要在对民族思想文化延续、传播、阐发、弘扬的基础上，积极促进与外来文化、异质文化、新兴文化的交流、碰撞、鉴别、反思，进而根据时代、国家和人民的发展的现实需要赋予文化新的内涵，提升文化的再生能力，驱动文化创新的实现，进而更好地实现思想政治教育的根本目标。可见，传承与创新是高校思想政治教育文化理性下的自觉过程。

(2)文化选择整合价值。在文化延续过程中"选择何种价值观进行传递，直接决定了社会与人存在和发展的方向"[②]。高校思想政治教育旨在使青年一代能够在有限的时间里掌握思想文化精髓，踏着前辈的足迹开创新的历史，就必须对多样的文化进行选择与整合，将科学先进、符合未来发展方向、具有恒久生命力的思想文化精华和理论理念等融入思想政治教育内容，促进思想政治教育目标的实现。因此，高校思想政治教育的实践即是对文化的选择、整合、重构。从其本质规定出发，首先，高校思想政治教育对于文化的选择整合，要凝练符合国家、民族发展需要的世界观和价值观，代表当前社会历史的发展方向和文化前进方向的优秀成果，以及能够满足社会成员的精神发展需要的文化内容，将其作为促进社会成员实现自身全面发展的教育资源。其次，高校思想政治教育要把所选择的文化进行系统整合，即将选择凝练的各种文化要紫和成果进行协调，使零散的、缺乏逻辑性的各个文化内容或文化形式相互适应融合，从而形成一个系统的有机整体。其中不仅包含对本民族文化精神纵贯历史的采撷，也包括对其他民族优秀文化的横向比较和借鉴吸收。最后，高校思想政治教育在选择和整合中升华文化理性。对文化选择整合时不仅要关注文化内容的凝练塑造，还必须注

---

① 胡锦涛在庆祝清华大学建校100周年大会上的讲话[N].人民日报，2011－04－25

② 戚万学.道德教育的文化使命[M].北京：教育科学出版社，2010：52.

重对文化中的哲学精神、文化思维、文化类型、文化传递模式等的澄清、辨析和调整。伴随着文化自觉、文化认知、文化理性的不断提升与超越，高校思想政治教育在不断的探索中一次次校正文化思路，不断开拓新的路径，扩展文化视野，从而更好地实现了其自身的文化选择和整合价值。

综上，高校思想政治教育的实践过程既是对文化知识、文化精神、文化理念等诸多方面的传承创新过程，也是对其自身文化价值的实现，是当今时代中华文化延续和发展的不可或缺的重要组成部分。这就构成了融入之所以可行的基础。

二、中华优秀传统文化与马克思主义理论兼具开放性

中华优秀传统文化和马克思主义理论所具有的开放性特质为两者的融合提供了必要条件。

作为高校思想政治教育的指导思想，马克思主义是否具有开放包容的理论品质对于中华优秀传统文化能否深度融入思想政治教育具有重要影响。从内容上看，马克思主义从产生伊始就是在充分吸收借鉴人类历史上积淀的自然科学、人文科学成果，并全面总结人类历史发展进程和内在规律的基础上，从生动的现实中科学抽象出来的。从时间上来看，马克思主义自诞生之日起就从不宣扬自己是绝对真理，相反它总是强调要将这一理论视为方法而不是教条，因而尽管马克思主义已经诞生一百多年，世界已经发生翻天覆地的变化，但马克思主义理论依然历久弥新，不断给予世界深刻的启迪。从空间上看，马克思主义起源于 19 世纪中期的欧洲，然而它一经问世就以科学真理性和价值合理性释放了巨大的吸引力和感召力，为世界各国追求独立和解放的人们提供了科学的世界观和方法论，在世界范围内掀起了社会主义运动的浪潮，对人类历史的发展进程产生了重大影响。可以说，马克思主义理论所具有的开放包容的理论品质和它所提供的科学的世界观和方法论，使它能够始终充满蓬勃生机，在世界各地传播真理，以强大的理论力量为谋求解放和独立的各国人民赋予革命的武器，以关注实践的姿态改变了世界历史的发展进程。

兼容并蓄、开放包容是中华优秀传统文化与生俱来的突出品质。这种开放性使得博大精深的中华文化不断传承，塑造了人类思想的一座座高峰。

这种开放性首先表现为文化内在思想理念的高度活跃性。中华优秀传统文化能够屹立于世界文明之林五千年，成为历史上唯一没有中断过的人

类文化，形成了以儒家思想为代表的丰富文化成果并不是偶然的。这是因为它打破了作为成熟的文化系统趋于封闭静止的束缚，而始终保持顺应变化、吐故纳新的开放性思维，成为一种兼容并包的动态文化。以在中国古代思想史上长期占据主要地位的儒家思想为例，孔子创立儒家学说时，思想文化领域呈现百家争鸣的繁荣景象，在数千年的历史演进中，总是与其他思想学说相互影响、相互融合，"既对立又统一，既相互竞争又相互借鉴，虽然儒家思想长期居于主导地位，但始终和其他学说处于和而不同的局面之中"①。因此，无论中华民族经历了怎样的起伏，"儒家思想和中国历史上存在的其他学说都是与时迁移、应物变化的，都是顺应中国社会发展和时代前进的要求而不断发展更新的，因而具有长久的生命力"②。

这种开放性也表现为对外来文化的高度容纳性。数千年来，中华文化先后与西域文化、辽金文化、蒙古文化、满族文化等发生了碰撞与交融，在主动影响、交流借鉴、吸收融合的过程中以其博大的胸怀接纳并改造外来文化，使之成为中华文化不可或缺的重要成分，实现了自身的充实创新与持续发展。"中华文明是在中国大地上产生的文明，也是同其他文明不断交流互鉴而形成的文明"③。它立足于中华大地的同时兼具国际视野，既不排斥外来文化，主动融通，又主动向外传播具有鲜明特色的思想文化，不仅对周边国家产生了深远的影响，更为人类文明发展贡献了丰富的思想与智慧精华。从另一个角度看，中华传统文化的开放性也赋予其深刻的自我反思能力和自我修复特质。正是这种特质使中华传统文化即便遭遇了近代以来外来文化的猛烈冲击，依然能够从低潮中崛起，赓续思想精华，重获旺盛的生命力。特别值得注意的是，在新时代，中华优秀传统文化经过理论与时代的改造、洗礼，在马克思主义中国化的探索与实践中获得了新的内涵，再次焕发了蓬勃的生机和活力，继续为中华民族提供思想和精神的血脉滋养，重新在世界舞台上以高度的自信和魅力发出中国声音，提供中国方案。

总之，中华优秀传统文化与马克思主义虽然是不同的思想体系，但两者的开放性、包容性使中华优秀传统文化与高校思想政治教育具有相互融通，

---

① 习近平在纪念孔子诞辰2565周年国际学术研讨会暨国际儒学联合会第五届会员大会开幕会上的讲话[N].人民日报，2014－9－25(2).

② 同①。

③ 习近平在联合国教科文组织总部的演讲[N].人民日报，2014－03－28(3)。

促进彼此发展的兼容性。这是保证融入的可能和可行的重要前提。

三、中华优秀传统文化与马克思主义关系紧密

具体而言，站在“社会形态更迭的高度来审视”①马克思主义作为科学的理论体系和有力的思想武器，是党和国家各项事业的指导思想。中华优秀传统文化是民族智慧的结晶、人类思想的宝库，但其内在的价值理念、等级秩序和人伦关系等决定了其无法超越自身实现引领社会变革。只有掌握并运用科学的理论武器，才能唤起民众的价值觉醒，才能找到实现民族独立、人民解放，创建社会主义国家的正确道路。换言之，只有将具有革命性的理论作为指导思想和行动的武器，才能找到一条实现中华民族伟大复兴之路，引领古老的中国开创新的历史篇章，实现不断的飞跃。

将马克思主义作为党和国家的指导思想，是理论逻辑、历史逻辑和实践逻辑的统一，将其作为高校思想政治教育的指导思想和理论基础也是题中应有之义。具体到中华优秀传统文化融入高校思想政治教育的理论与实践创新，依然离不开马克思主义立场、观点、方法的指导。只有坚持马克思主义的指导地位，才能以科学的态度看待民族历史文化，树立正确的优秀传统文化评价标准，找到传承发展优秀传统文化的正确方法路径。从中国革命建设改革的历史视角出发，中华优秀传统文化为马克思主义中国化提供了丰厚的文化沃土。将马克思主义同中国具体实际相结合，是党带领全国人民实现站起来、富起来、强起来伟大社会变革，形成毛泽东思想和中国特色社会主义理论体系两大理论成果的重要前提和主要经验。其中就包括马克思主义与中华优秀传统文化的结合。作为中华民族的文化遗产，优秀传统文化对中国人的思想观念、民族性格、语言表达、生活方式等均产生了深刻的影响。马克思主义在中国大地上落地生根，就要根植于民族历史文化的沃土。而马克思主义的科学性也体现在其真理性与开放性的统一。正如恩格斯多次强调的那样，马克思主义的科学理论不是教条，而是“发展着的理

---

① 陈先达. 文化自信中的传统与当代[M]. 北京：北京师范大学出版社，2017：179.

论"①,"是进一步研究的出发点和供这种研究使用的方法"②。历史与实践已经证明,将中华优秀传统文化与马克思主义结合,推动形成了具有中国特色、中国风格、中国气派的马克思主义,实现了马克思主义的中国化、大众化,不断开辟了马克思主义发展的新境界。而马克思主义中国化的理论成果与实践经验,一方面为高校思想政治教育发展提供了科学的理论指导,另一方面也是培育当代青年学生形成坚定理想信念,正确政治认同、历史认同、文化认同的重要内容。这意味着高校思想政治教育既要坚持马克思主义的指导地位,也要充分发挥优秀民族历史文化的支撑作用,提高思想政治教育的实效性。

综上所述,马克思主义与中华优秀传统文化不是相互排斥或者相互取代的关系,而是在具体实践中紧密结合、相互促进的关系。正如陈先达教授所指出的那样,"一个是中国革命和社会主义建设的思想理论指导,一个是中华民族的精神血脉和中华民族的文化之根。应该用历史唯物主义观点处理马克思主义与中国传统文化的关系"③,坚决反对文化虚无主义、历史虚无主义和文化保守主义。可见,两者间深厚的联系为中华优秀传统文化融入以马克思主义为指导思想的高校思想政治教育进一步增强了可能性,在一定程度上也回应了融入的必要性。

第二节　中华优秀传统文化融入高校思想政治教育的必要性

思想政治教育所具有的鲜明文化属性和重要文化价值使其成为为国家和社会培养具有高素质的合格人才,构筑民族与国家思想灵魂支点的精神课堂。思想政治教育的过程与内容也无处不体现和渗透着历史文化的影响。习近平总书记多次强调,高校教育要坚持社会主义办学方向,高校思想政治教育要着力培养社会主义建设者和接班人,服务于中华民族伟大复兴。因此,面向新时代,将中华优秀传统文化融入高校思想政治教育,从中华优秀传统文化中汲取智慧与滋养,是解决思想政治教育创新发展问题的重要

---

① 马克思恩格斯选集:第 4 卷[M].北京:人民出版社,2012:588.

② 同①。

③ 陈先达.马克思主义和中国传统文化[N].光明日报,2015-07-03(1).

思路;将中华优秀传统文化的强大凝聚力、引领力、滋养力融入高校思想政治教育,将高校思想政治教育置于中国特有的历史社会文化传承中,是扎根中国大地培育时代青年肩负文化传承使命,增强文化自信的必然要求,也是思想政治教育在发展中源自自身文化属性和文化追求的理性自觉。

一、提升文化涵养是高校思想政治教育的内在需要

《周易》中有“刚柔交错,天文也。文明以止,人文也。观乎天文以察时变,观乎人文以化成天下”。这说明了中华优秀传统文化中自古就蕴含着以文德教化天下的含义,在漫长的历史变迁中,成为积淀在中华民族血脉中的精神基因和滋养民族智慧的思想源泉。当今时代,以中华优秀传统文化涵养高校思想政治教育,进一步贯通其铸魂育人的文化根脉,丰富其育人化人的文化根基是实现新时代创新发展的内在需要。

(一)推进高校思想政治教育创新发展的文化根脉

思想政治教育的文化属性从深层规定了只有将文化作为依托,从文化中借鉴吸收多元营养,才能使其更加生动鲜活,更富有吸引力和感染力。中华优秀传统文化穿越千年,历久弥新,蕴含丰富的文化精华,是绵延于中华民族过去、现在和未来的思想文化基因。这就决定了它是思想政治教育创新发展的重要文化血脉和育人资源,处于不可或缺的重要地位。新时代的高校思想政治教育亟须推陈出新,提质增效。寻找有意义的切入点,创造性地丰富思想政治教育的内容,提升育人水平,是着眼中华民族伟大复兴战略全局和世界百年未有之大变局,应对多元文化相互碰撞给青年学生健康成长带来的不利影响的必然选择。在此背景下,中华优秀传统文化丰厚的内涵与强大的思想影响力就显得格外突出,将其与思想政治教育相融合,对拓展思想政治教育发展的空间与路径,进一步提高思想政治教育的针对性、实效性具有重要价值。正如习近平总书记在学校思想政治理论课教师座谈会上强调的那样,“中华民族几千年来形成了博大精深的优秀传统文化,我们党带领人民在革命、建设、改革过程中锻造的革命文化和社会主义先进文化,为思政课建设提供了深厚力量”①。

(1)中华优秀传统文化为高校思想政治教育带来更加充实丰富的育人

---

① 习近平主持召开学校思想政治理论课教师座谈会强调用新时代中国特色社会主义思想铸魂育人贯彻党的教育方针落实立德树人根本任务[N].人民日报,2019－03－19(1).

资源。中华优秀传统文化本身就是一种倾向于经世致用、利用厚生的伦理型文化，蕴含着丰富的价值理念、哲学思想、道德论述、实践方法等内容。历经千年历史的中国，有着卷帙浩繁的典籍、层出不穷的爱国英雄、数不清的远古传说与经典故事、美轮美奂的艺术作品与建筑奇观等。这些都是丰富思想政治教育内容的取之不尽、用之不竭的丰富宝藏。在思想政治教育中善于从多种途径，以多种方式灵活运用这些优秀传统文化资源能够极大地发挥其培根铸魂、化人育人的效能，提升思想政治教育的获得感及信服力。例如：传统文化中的民族精神和传统美德，有助于提升当代青年的品格；传统文化中的封建因素和过时部分，可以作为学习资料提升青年辨别是非的能力；传统文化中的经典作品和艺术形式，可以丰富思想政治教育的形式；等等。

(2)中华优秀传统文化能够提升高校思想政治教育的思想引领力。随着互联网与信息技术的不断发展，良莠不齐的思想与思潮冲击着青年学生的价值理念、思维方式和生活态度。大学时代的青年正处在成长的关键时期，其价值观和世界观正在逐步形成，对很多思想观念的鉴别能力不强，易于受到片面、偏激，甚至是错误思想的影响。因此，在多元文化的碰撞中，高校思想政治教育不能忽视对当代青年进行正确价值观的引导。党的十八大首次在社会主义核心价值体系的基础上凝练提出了社会主义核心价值观。习近平总书记指出："我们提出的社会主义核心价值观，把涉及国家、社会、公民的价值要求融为一体，既体现了社会主义本质要求，继承了中华优秀传统文化，也吸收了世界文明有益成果，体现了时代精神。"可以说，社会主义核心价值观既是对当代社会主义先进文化的集中凝练和精准表达，同时也蕴含着对优秀传统文化中价值追求(如"格物致知""诚意正心""修身齐家治国平天下")的继承与弘扬，是凝聚当代中华民族向心力的重要精神支柱。因此，引领青年大学生将社会主义核心价值观内化于心外化于行，是高校思想政治教育的时代使命也是重要目标。然而，要想真正使正确的价值观入脑入心，仅仅开展表层宣传、说教和灌输是不够的，还需要不断提高青年学生人文社科知识的储备，丰富其精神层面的思想价值理念，帮助他们从历史的维度、理想信念的高度对人生进行冷静思考，不断提升道德品质和人格修养，才能取得实效。总之，将中华优秀传统文化融入高校思想政治教育的过程中，用优秀传统文化影响支撑思想政治教育的核心内容，能够大大提升高校思想政治教育的深度与厚度。

(3)中华优秀传统文化为高校思想政治教育提供了具有历史积淀的教育理念与方法。中国古代的思想文化中，人们在对君子人格的追求与塑造方面积累了丰富的教育理念和教育方法。例如伟大教育家孔子曾在实际教育过程中提出了“因材施教”的教育思想，指出“性相近也，习相远也”“为力不同科，古之道也”。孟子提出“君子之所以教者五：有如时雨化之者；有成德者；有达财（材）者；有答问者；有私淑艾者。此五者，君子之所以教也”。中国古代历来重视循循善诱、循序渐进的教学方法。《论语·子罕》中颜渊赞叹“夫子循循然善诱人”。王通在《文中子·立命》中谈到孔子教学，从《诗》《礼》开始，然后进入《春秋》《乐》《书》《易》，体现了孔子循序渐进的教学方法。从“水滴石穿”“积跬步以至千里”等表述中也可以看出古人对这一教学方法的肯定与运用。这些尊重学生个体差异，各因其才，尊重学习规律的教育理念对于当代思想政治教育依然具有借鉴价值。

当代大学生的思想认识呈现出新特点和新变化。这些变化对思想政治教育提出了新的要求。因此，当代思想政治教育需要不断从优秀传统文化中借鉴和吸收教育理念和方法论营养，获得启迪，创新运用，设计出具有针对性和实效性的思想政治教育新课堂、新活动、新实践，进而全面提升高校思想政治教育的育人效果。

（二）推进高校思想政治教育创新发展的内在动力

纵观历史，我们总能看到文化作为先导推进时代与社会进步的实例，在当今时代，文化的力量对于国家和世界的意义愈加明显。任何文化主体都不能忽视文化在创新发展中引领方向、明确尺度、构建模式等方面的重要作用。因此，以历史发展为背景的高校思想政治教育更要重新审视和解读自身的文化特质，运用好文化对自身发展的天然的驱动力。

从宏观的角度看，思想政治教育的核心内容包含着思想性和政治性的统一，民族性和时代性的统一，历史性和超越性的统一。因此，处在时代变革中的高校思想政治教育创新发展在很大程度上有赖于对优秀传统文化的深度回归与探寻，以牢固自身文化根基，拓宽文化视野，建立并提升对民族历史、国家发展、社会现实的理论阐释力和确证力。同时，立足于优秀传统文化，不仅为高校思想政治教育提供了新的实践路径，避免了盲目跟随其他教育模式和教育话语所带来的游离与迷茫，还为其提供了扎实的根基，以更加自信从容的姿态进行文化比较鉴别，获取丰富有益的文化资源，对自身进行吐故纳新的改造，实现发展目标。从具体的高校思想政治教育实践出发，高校思想政治教育通过传递人类积累和创造的各种文化财富实现立德树人根本任务，实现人的全面而自由的发展。可见，以文化做“化人”的工作，使高校思想政治教育的创新与发展离不开对文化的把握，文化中蕴含着提升思想政治教育价值与实效的内在动力。高校思想政治教育在发展过程中，曾经借鉴并融合了西方德育的积极经验，如心理学、公民教育等，对于推动思想政治教育的发展起到了积极的作用，但这些借鉴带来更多的是教育方法和形式方面的启示。而对于高校思想政治教育来说，传递有助于青年成长和国家民族发展的思想理念、精神价值、社会主导意识形态等才是其核心内容，才是真正要传递给青年一代的主旨。优秀传统文化中蕴含的民族精神和历史积淀是自我认同的根基，体现和展示着中国特色。高校思想政治教育应当从中汲取丰厚的滋养，丰富自身文化含量、文化色彩、文化意趣。倘若"本可生动活泼的思想政治教育读物有时成为政策、文件、语录的简单汇编与转述，本可情趣盎然、文采飞扬的思想政治教育有时成为枯燥空洞的政治说教与道德说教"①，那么缺少亲和力的高校思想政治教育必然无法使思想活跃的青年拥有获得感。

在多样化的思想、价值、理念碰撞交锋的时代背景与社会环境下，思想政治教育的育人模式与育人内容必然要紧密结合中华优秀传统文化，以落实新时代高校立德树人的根本任务，满足培养担当民族复兴大任时代新人的内在要求。因此，新时代的高校思想政治教育发展创新，必须重视将中华优秀传统文化融入思想政治教育创新发展的全过程，从中华优秀传统文化中汲取营养、获得启迪。换言之，中华优秀传统文化与思想政治教育相融合，是思想政治教育自身发展创新的内在要求与必然选择。

（三）应对文化挑战的现实需要

面对当今世界发展大势，新时代的中国要立足中华优秀传统文化，从历史中汲取克服文化安全威胁和适应复杂文化发展环境挑战的智慧与力量。而高校思想政治教育已经成为国家在全球化发展中坚持自身文化方向，应对文化多元化潜在风险，防止外来文化侵略等多重文化挑战的重要阵地。因此，中华优秀传统文化融入高校思想政治教育是新时代背景下传递社会主义意识形态，坚定青年文化自信，维护国家文化安全的客观需要与必然选择。

一方面，"在思想和文化的范围里，现代决不可与古代脱节。任何一个现代的新思想，如果与过去的文化完全没有关系，便有如无源之水、无本之木，绝不能源远流长、根深蒂固"②。中华优秀传统文化是保持民族精神特色，明确未来文化发展方向的历史基点。由此，在新时代，坚定人民信仰，凝

---

① 沈壮海．关注思想政治教育的文化性[J]．思想理论教育，2008(3)：4－6.

② 贺麟．文化与人生[M]．上海：上海文艺出版社，2001：1.

聚价值共识，增强文化自信，建设繁荣兴盛的中国特色社会主义文化，只能在这个基础上渐次展开。而高校思想政治教育抵御多种文化挑战，培育青年一代树立社会主义核心价值观，提升思想文化自觉自信，也就必须坚守中华文化立场，把握社会主义文化方向，坚持用优秀的中国传统文化来滋养和引领青年一代的思想与精神。

另一方面，能否妥善应对文化面临的威胁、维护国家文化安全，直接影响到经济、政治、社会乃至国家总体安全与持续发展。这就意味着我们不仅要使自身文化牢牢地根植于国家、民族的历史土壤，还要善于运用优秀传统文化中蕴含的思想和智慧，提高文化自觉与价值认同，化解潜在风险。中华优秀传统文化博大精深，蕴含了深邃的哲学思辨，浓厚的人文关怀，崇高的道德追求，珍贵的价值理念，深入挖掘、阐释其中的精华并融入高校思想政治教育，有助于充分展现中华文化的独特魅力，提升当代文化的生命力、吸引力、感染力，有力回击其他文化对青年一代的渗透与侵蚀，使背年学生以正确的文化观接力创造中华文化的新辉煌。

综上所述，中华优秀传统文化融入高校思想政治教育是其重要的文化滋养，具有必要性。脱离了中华优秀传统文化，思想政治教育就会成为无源之水、无本之木，无论加入多少科技手段，运用多少教学模式，从多少方面予以强调，都会因缺乏深刻而丰富的思想内涵，缺少纵观古今的历史归属感，缺少广泛而强大的社会认同感，而失去其引领青年、凝聚民族精神的作用。

二、推动文化传承是高校思想政治教育的自觉选择

"知今宜鉴古，无古不成今"。回顾数千年历史传承，中华优秀传统文化是民族的文化根脉；眺望未来时代浪潮，中华优秀传统文化是新时代中华民族自我认同、自我阐释、自我确证的文化标识；面向发展着的未来，中华优秀传统文化是古老民族书写新的历史篇章的坚实支撑。因此，传承与发展中华优秀传统文化对国家乃至整个民族都有重要的意义。新时代的高校思想政治教育在育人实践中传承优秀传统文化，既是高校思想政治教育文化自觉的体现，也是突破自身发展瓶颈的必然选择。

（一）固本守正，传承文脉的理性自觉

中华优秀传统文化数千年的延续与创新锻造了中华民族的精神血脉。从本质上看，思想政治教育蕴含着思想性的悠远历史，是自阶级社会以来就广泛存在的一种文化传递活动，与传统文化有着同质共生的紧密联系，共享相同的历史文化根基。因此，当踏上新征程的国家以高度的民族文化自觉、

坚定的文化自信,坚守贯通时空的中华文脉时,高校思想政治教育必然积极担负起传递优秀文化精华的历史使命,培育中华优秀传统文化的继承者和弘扬者。

正如习近平总书记曾经指出的那样,“对历史文化特别是先人传承下来的价值理念和道德规范,要坚持古为今用、推陈出新,有鉴别地加以对待,有扬弃地予以继承,努力用中华民族创造的一切精神财富来以文化人、以文育人”。这直接而深刻地启示高校思想政治教育的创新发展应以高度的理性自觉牢固把握自身积淀的历史性思想文化根基,明晰国家发展的历史起点与思想脉络,以保证始终在时代文化的碰撞中站稳脚跟。由此,在传播社会主导意识形态和价值观的过程中,应引导青年大学生沿着历史足迹拾级而上,穿透时代表象和多样化文化思想的迷雾,准确地理解当前所处历史方位的现实和未来,以实现高校思想政治教育的根本目标。

当然,我们也应当看到,尽管从本质属性和实践需要角度出发,高校思想政治教育都应具有传承中华优秀传统文化的理性自觉,但事实上,这种自觉的水平还需要提高,也需要不断在教育教学探索中逐步将自觉真正落实为实践。具体来看,中华优秀传统文化的核心思想和经典文本还未实现深入的梳理与提炼,尚未实现与高校思想政治教育理论的话语的学术衔接;运用高校思想政治教育的主渠道和主阵地传承中华优秀传统文化的内容、形式、方法、路径还未成熟;青年学生参与中华优秀传统文化教育活动的获得感不强,与现实生活连接松散,导致其对中华优秀传统文化的理性认知有待提高。

(二)开拓创新,促进中华优秀传统文化转化的发展自觉

高校思想政治教育是文化的重要属地,对文化的传承与追寻应然、必然、实然地构成了其存在的重要意义,也是推动高校思想政治教育发展的重要支撑。然而,如何才能科学、合理、有效地将中华优秀传统文化融入高校思想政治教育的理论与实践之中?关键就在于要对中华优秀传统文化进行转化与创新。习近平总书记曾指出,由于“传统文化在其形成和发展过程中,不可避免会受到当时人们的认识水平、时代条件、社会制度的局限性的制约和影响,因而也不可避免会存在陈旧过时或已成为糟粕性的东西”①,我们要从继承与创新的辩证统一关系出发,既不忘本来、善于继承,又在创造性转化和创新性发展的基础上开辟未来。

---

① 习近平谈治国理政:第二卷[M].北京:外文出版社,2017:313.

从中华优秀传统文化流动于历史进程的视角看,对其进行与时俱进的转化与创新需要坚持一定的原则,通过辨别挖掘、意义阐发、话语转换等一系列创新实践,才能较好地融入当代文化,实现民族思想文化精华的延续。其中必不可少地要依托当前的文化主体、载体、传播形式等,以完成跨越其原生历史时空的转化与发展。而在当前构建"大思政"格局和高校思想政治教育工作体系的框架下,高校思想政治教育本身所具有的文化特质和指向青年思想的教育活动特征,都促使它成为推动中华优秀传统文化创造性转化与创新性发展的重要支撑。

从高校思想政治教育角度看,其本身所具有的文化本质决定了高校思想政治教育是历史性的存在,必然要加强对科学理论的彻底把握,在此基础上运用各种有益的教育资源积极与时俱进,保持自身生命力,必然要在实践基础上围绕受教育主体和教育根本任务的内在需要,不断创新理念,化解各种矛盾,进而面向未来,实现自我超越。

概言之,促进中华优秀传统文化转化创新是由高校思想政治教育追求发展的自觉决定的,是实现其自身突破超越的必然要求;同时,高校作为思想文化的高地和培育青年人才的阵地,将中华优秀传统文化融入高校思想政治教育也是促进中华优秀传统文化与当代文化融通与传播的重要途径,具有突出的历史意义和时代价值。

以中华优秀传统文化中的知行观为例,《尚书》提出"非知之艰,行之惟艰",荀子则认为"行高于知",宋代理学泰斗朱熹主张"知先行后",心学家王阳明提倡"知行合一",明末清初之际王夫之强调"行先知后""行可兼知"的观点等。在新时代,立足马克思主义的立场、原则、观点,习近平总书记结合当今时代发展的现实要求,从高校思想政治教育培育青年学生树立社会主义核心价值观的角度,对中国古代知行观进行了转化与发展,阐释了"知"和"行"相辅相成的辩证关系,指出"道不可坐论,德不能空谈。于实处用力,从知行合一上下功夫,核心价值观才能内化为人们的精神追求,外化为人们的自觉行动"。进而,习近平总书记提出了树立社会主义核心价值观就是"扣好人生第一颗扣子",要在日常生活中"感知它、领悟它""在落细、落小、落实上下功夫"等既具有指导意义又深入人心的创新观点,不仅时代性地阐发了知行合一思想,也有力地推动了高校价值观教育发展。

实践证明,在新时代高校思想政治教育中融入、传承、发展中华优秀传统文化,对其合乎逻辑、合乎实际地创新阐释与运用,既推动了中华优秀传统文化的创新转化,为其赋予了时代内涵和现实意义,构成了铸就中华文化新辉煌的重要维度,同时也夯实了高校思想政治教育的历史基点,增添了丰富的文化内涵，促进其依照特有的民族文化逻辑进路不断发展，为青年大学生提供正确认识时代、认识国家、认识世界的强有力的理论指导和思想智慧。

三、增强文化自信是高校思想政治教育的使命追求

新时代的高校思想政治教育肩负着为党育人、为国育才的历史使命，夯实当代青年的文化自信就蕴含于使命追求之中。2014 年 2 月，习近平总书记在中央政治局第十三次集体学习时指明了文化自信这一时代命题。2016 年 7 月，他在庆祝中国共产党成立 95 周年时进一步强调指出，“文化自信，是更基础、更广泛、更深厚的自信”。这就从宏阔的战略视野肯定了文化自信的历史意义与时代价值，文化在国家民族发展中的重要地位也上升到了前所未有的高度。中华优秀传统文化是支撑五千多年中华民族与文化生生不息、绵延至今的文化血脉，积淀着独特的精神基因，更是新时代坚定文化自信最深厚的力量，对于文化自信进行的重大战略定位，必然要将延续优秀民族文化基因和促进优秀传统文化发展作为重要基础和必要前提。

中华优秀传统文化作为绵延数千年而未曾中断传承的古老文脉，已经成为国家和民族的文化基因与灵魂，积淀着最深沉的精神追求，承载着整个民族自我认同的核心价值取向，表达着这个民族对历史发展的认知、对现实世界的感受、对未来方向的把握，构成了中华民族伟大复兴的内在动力，更是中华民族文化自信的底气与源泉。党的十九大报告指出：“中国特色社会主义文化，源自中华民族五千多年文明历史所孕育的中华优秀传统文化，熔铸于党领导人民在革命、建设、改革中创造的革命文化和社会主义先进文化，植根于中国特色社会主义伟大实践”①。可见，沿着中国特色社会主义文化道路发展，努力建设社会主义文化强国的宏伟目标是对数千年历史文化赓续的继往开来。着眼于当今时代和平发展、互惠共赢的历史潮流，释放优秀民族历史文化精华的价值与魅力，不断巩固文化自信，推动当下文化的发展繁荣，进而转换输出为新时代中华文化的软实力，就要求我们必须结合自身特色和时代需要，对中华传统优秀文化的内涵、意义、价值进行深入挖掘梳理，深刻反思创新，博采众长，融古汇今，进而在文化育人中实现超越时代的发展和升华。由此可见，高校思想政治教育在这一过程中具有突出作用。换言之，转换中华优秀传统文化与高校思想政治教育的内在辩证统一的视

① 决胜全面建成小康社会夺取新时代中国特色社会主义伟大胜利：在中国共产党第十九次全国代表大会上的报告[M]. 人民出版社，2017：41.

角，从更为宏大的中华文化视野出发，中华优秀传统文化融入高校思想政治教育，能够提升新时代青年大学生的文化自觉与自信，进而以点带面激发全民族的文化创新力、创造力，推动社会主义先进文化发展。这也构成了铸就中华文化新辉煌的重要方面。这从国家和民族文化发展的高度重新定义了中华优秀传统文化融入高校思想政治教育的历史意义与时代价值，也指明了所有高校思想政治教育工作者和青年学生所肩负的重大历史使命与文化追求。

第三节 中华优秀传统文化融入高校思想政治教育的可行性

中华优秀传统文化融入高校思想政治教育具有高度可行性，同时也为创新新时代融入路径奠定了坚实的基础。

一、中华优秀传统文化融入高校思想政治教育的理论逻辑

（一）马克思主义经典论述为融入提供了坚实的理论基础

马克思恩格斯在阐述历史唯物主义思想等思想观点时也表明了其文化思想。马克思在《＜政治经济学批判＞序言》中指出，作为上层建筑的组成部分，哲学、政治、艺术等的或快或慢的变革，“必须从物质生活的矛盾中，从社会生产力和生产关系之间的现存冲突中去解释”①。这表明了马克思恩格斯认为文化是在经济基础上产生，并由经济基础决定的上层建筑的观点。但同时，马克思恩格斯也指出，历史唯物主义不是经济决定论，经济的因素并非社会历史发展中唯一起作用的因素。马克思恩格斯十分重视上层建筑对经济基础、社会历史发展的影响，并多次加以强调。恩格斯在致瓦·博尔吉乌斯的信中明确谈到，“政治、法学、哲学、宗教、文学、艺术等的发展是以经济发展为基础的，但是，它们又都互相作用并对经济基础发生作用。这并不是说，只有经济状况才是原因，才是积极的，其余一切都不过是消极的结果”②。对于历史文化传统的作用和影响．马克思恩格斯也阐述了科学的观

① 马克思恩格斯选集：第 2 卷[M]．北京：人民出版社，2012：3.

② 马克思恩格斯选集：第 4 卷[M]．北京：人民出版社，2012：649.

点。马克思指出:“人们自己创造自己的历史,但是他们并不是随心所欲地创造,并不是在他们自己选定的条件下创造,而是在直接碰到的、既定的、从过去继承下来的条件下创造。

一切已死的先辈们的传统,像梦魇一样纠缠着活人的头脑。”①恩格斯也论述了相似的观点,“我们自己创造着我们的历史,但是第一,我们是在十分确定的前提和条件下创造的。其中经济的前提和条件归根到底是决定性的。但是政治等的前提和条件,甚至那些萦回于人们头脑中的传统,也起着一定的作用,虽然不是决定性的作用”②。简言之,马克思恩格斯认为,历史上创造的各种传统与传统文化,是人们创造新的历史时不可逾越的前提条件和现实材料。“这些材料是从以前的各代人的思维中独立形成的,并且在这些世代相继的人们的头脑中经过了自己的独立的发展道路”③。这就说明了人们往往是在以往的思想成果的基础上结合新的实践经验,对其加以改造和发展,从而使历史文化等上层建筑向前发展。那么,我们应当采取怎样的态度对待历史传统呢?恩格斯在谈到对待黑格尔哲学遗产时的看法深刻表明了他对历史中产生的传统思想文化的观点:“不能用干脆置之不理的办法来消除的。必须从它的本来意义上‘扬弃’它,就是说,要批判地消灭它的形式,但是要救出通过这个形式获得的新内容”④。这就科学地指明了对待历史文化的正确原则。此外,马克思恩格斯指出,创造文化的主体是“现实的个人”。他们在《德意志意识形态》中指出,“全部人类历史的第一个前提无疑是有生命的个人的存在”⑤,,而以现实的人的生产实践为前提,人能够在生产实践中实现自己的内在目的,既“更新他们所创造的财富世界,同样地也更新他们自身”⑥。换言之,文化是人类改造世界和改造人自身实践活动的统一。综上所述,马克思恩格斯所确立的科学的文化思想,是建立在历史唯物主义的基础上的。

如果说由于当时无产阶级革命现实需要和受到历史条件的限制,马克思和恩格斯没能将历史唯物主义和唯物史观更加深入地延伸到无产阶级如

① 马克思恩格斯选集:第1卷[M].北京:人民出版社,2012:669.

② 马克思恩格斯选集:第4卷[M].北京:人民出版社,2012;604—605.

③ 同②642—643.

④ 同②229.

⑤ 同①146.

⑥ 马克思恩格斯全集;第31卷[M].北京:人民出版社,1998:108.

何科学对待本民族传统文化的问题上的话，那么，他们为后来者留下了正确看待和评价传统文化的观点和方法。正如列宁所指出的那样，马克思主义“没有抛弃资产阶级时代最宝贵的成就，相反却吸收和改造了人类思想和文化发展中一切有价值的东西”[①]。在马克思恩格斯关于传统文化的科学论断的基础上，列宁结合俄国当时经济文化落后的实际，进一步做出了关于如何对待传统文化的理论阐发。他深刻认识到了继承对于文化发展的重要性，“无产阶级文化并不是从天上掉下来的，也不是那些自命为无产阶级文化专家的人杜撰出来的”[②]，而“应当是人类在资本主义社会、地主社会和官僚社会压迫下创造出来的全部知识合乎规律的发展”[③]。这明确表达了反对历史虚无主义的态度。在此基础上，他表明了对人类历史上的一切文化成果进行去粗取精的辨别与选择，进而用以推进社会主义文化建设的思想。他指出“每个民族文化，都有一些民主主义的和社会主义的即使是不发达的文化成分”[④]，因此要以“对无产阶级有害还是有益”为标准，“善于把旧学校中的坏东西同对我们有益的东西区别开来，要善于从旧学校中挑选出共产主义所必需的东西”[⑤]。这些论述直接或间接地回答了如何辨别优秀民族文化并加以继承的问题，为促进社会主义文化建设提供了重要借鉴。

(二)中国化马克思主义的传统文化论述为融入提供直接指导

中国共产党自诞生伊始就自觉肩负起了传承和弘扬中华优秀传统文化的历史使命。在不断的革命、建设和改革进程中，党始终坚持以马克思主义为指导，逐步形成并发展完善了符合中国具体实际和时代发展的正确的传统文化观。在新民主主义革命时期，毛泽东提出，“中国在长期封建社会中，创造了灿烂的古代文化。清理古代文化的发展过程，剔除其封建性的糟粕，吸收其民主性的精华，是发展民族新文化、提高民族自信心的必要条件”[⑥]。新中国成立后，他提出了双百方针，进一步推动了中华优秀传统文化的继承与发展。改革开放后，邓小平从实际出发，一方面清除封建思想遗毒，一方面高度警惕历史虚无主义、民族虚无主义，提出了建设社会主义精神文明的

---

① 列宁选集：第 4 卷[M]. 北京：人民出版社，2012：299.

② 同①285.

③ 同①.

④ 列宁选集：第 2 卷[M]. 北京：人民出版社，2012：336.

⑤ 同①284.

⑥ 毛泽东选集：第 2 卷[M]. 北京：人民出版社，1991：707－708.

战略部署，进一步指明了优秀传统文化的时代价值。随着改革开放深入推进，江泽民多次强调继承和发扬中华民族优良的思想文化传统，发挥传统文化在国家治理中的重要作用。他指出“中华民族是有悠久历史和优秀文化的伟大民族。我们的文化建设不能割断历史。对民族传统文化要取其精华，去其糟粕，并结合时代的特点加以发展，推陈出新，使它不断发扬光大”①。进入新世纪，胡锦涛指出，“坚持古为今用、推陈出新，大力发扬中华文化的优秀传统，大力弘扬中华民族的伟大精神，使中华民族的优秀文化成为新的历史条件下鼓舞我国各族人民不断前进的精神力量”②。党的十八大，习近平总书记将中华优秀传统文化的传承与发展工作放在前所未有的高度，运用于中国特色社会主义理论与实践的方方面面，提出了“双创”原则，推动了文化思想的发展创新。可见，中国共产党自成立以来，一直秉承马克思主义文化观，紧密结合国家发展的现实问题，不断推进传统文化观的深化和升华，形成了丰富的论述，为中华优秀传统文化融入高校思想政治教育提供了理论上的直接指导与实践上的指南。

总之，马克思主义关于历史文化的科学论断和中国化马克思主义的传统文化观不仅为正确处理民族历史文化的传承与发展、优秀传统文化与当代文化的相互促进提供了理论指导，也为中华优秀传统文化融入高校思想政治教育提供了坚实的理论支撑，是推动融入由可能性转变为现实性的关键。

二、中华优秀传统文化融入高校思想政治教育的历史逻辑

近代以来，马克思主义与中华优秀传统文化跨越地域的阻碍，在社会发展变革的历史时期相遇，在中华民族经历曲折，中华儿女前赴后继、救亡图存的英勇抗争，党领导全国各族人民开展开天辟地、改天换地和经天纬地的革命、建设和改革的历史过程中，不断交汇、融合，凝聚出新的理论和文化成果。历史和现实已经证明了中华优秀传统文化融入高校思想政治教育的可行性。

---

① 中共中央文献研究室. 十三大以来重要文献选编：下[M]. 北京：人民出版社，1993：1645.

② 柳斌杰. 深入推进文化体制改革推动社会主义文化大发展大繁荣：胡锦涛在中央政治局第二十二次集体学习时重要讲话精神学习读本[M]. 北京：人民出版社，2010：21.

(一)中华优秀传统文化与马克思主义的历史碰撞

随着16世纪以来的地理大发现,世界各民族、国家和地区的历史便从此不再是孤立的存在;工业发展所取得的革命性成果更是"首次开创了世界历史,因为它使每个文明国家以及这些国家中的每一个人的需要的满足都依赖于整个世界,因为它消灭了各国以往自然形成的闭关自守的状态"①,因而不同民族、不同地域的自给自足状态,逐步转变为涉及经济、政治、文化等全方位的交流与碰撞、冲突与依赖。中华民族正是在这样的历史背景下拉开了全面与世界对话的序幕,中华传统文化也正是在这样的历史背景下开始了与世界各民族文化的深度交流、交锋和交融。然而,"与外界完全隔绝曾是保存旧中国的首要条件,而当这种隔绝状态通过英国为暴力所打破的时候,接踵而来的必然是解体的过程,正如小心保存在密闭棺材里的木乃伊一接触新鲜空气便必然要解体一样"②。于是,站在事关民族生死存亡的十字路口,社会各界实施了各式各样的救国方案。然而,最终都没能从根本上解决中国的问题。当然,这一系列尝试却也并不是毫无意义的。每一次抗争都给国人的思想观念带来了强烈冲击,都使中国的社会形势发生了深刻变化,并为下一步更加全面、彻底的革命积累了经验,创造了条件。

随着俄国十月革命的一声炮响,社会主义第一次由科学理论变成了生动现实,马克思主义才终于得以登上了中国的历史舞台。一条新的救国道路呼之欲出,那就是以马克思主义为理论指导的社会主义道路。它的科学原理和价值追求得到了越来越多仁人志士的认同与拥护,并且从此不可逆转地改变了中华民族的历史命运。经过一次次生死考验,前赴后继,怀着对实现社会主义与人类解放和人的自由全面发展的崇高价值的执着追求,中国共产党在一次次挫折与锤炼中,认真总结历史经验,从弱到强,从青涩走向成熟,带领全国人民实现了震惊世界的历史飞跃。

历史的发展和内在规律表明,一定时期的社会文化只有与当时的社会生产生活状况相适应,才能凝聚形成推动人类历史发展进步的积极力量。中国共产党成立之前的各种不同的救国方案,实质上代表了不同的文化态度和价值追求,反映了对中华民族未来走向的不同思路设计和目标指向,也折射出对人类历史发展规律和近代中国基本国情的不同认识。由于这些革命方案背后所倡导的文化理念与核心价值与中国具体国情不相符,与中华

---

① 马克思恩格斯选集:第1卷[M].北京:人民出版社,2012:194.

② 同①780－781.

传统文化没有内在契合，故而必然导致失败。从这个角度来看，可以说，中华优秀传统文化与马克思主义的历史碰撞，既是近代中国进行文化反思、文化选择、文化创造的主观努力结果，也是社会形态变化与文化演进客观规律的必然。在科学革命理论的指导下，马克思主义与中国实际的历史性结合，创造了两次理论飞跃。同时，中华优秀传统文化经过革命斗争的磨炼，创造了新的思想理念、价值追求、精神品格，如红船精神、井冈山精神、长征精神、延安精神、西柏坡精神等，突出体现了以马克思主义为指导，中华优秀传统文化与中国精神在革命年代的发展和转化，表达了各族人民对民族独立、国家富强美好生活的向往。新中国成立后，社会主义文化作为首次在古老的中国占统治地位的文化，与中华优秀传统文化一起迈向了全面、深入交流融合的新阶段。在国家建设和改革的实践中、在不同历史时期的各种现实挑战中，不断凝练形成了以雷锋精神、"两弹一星"精神、抗震救灾精神、奥运精神等为代表的社会主义先进文化。其中也映射出中华优秀传统文化的历史影像。

(二)中华优秀传统文化与思想政治教育的历史契合

20世纪初，新文化运动的爆发推动了人们的思想解放，马克思主义的传播重塑了民众的价值观念与民族精神。在这一过程中，我国思想政治教育开始萌芽。1921年，中国共产党成立。这既是在群众中开展马克思主义思想政治教育的成果，同时也是党领导下开展思想政治教育的开端。自诞生以来，中国共产党就自觉地传承与弘扬中华优秀传统文化，在实践中运用优秀传统文化为中国开展革命创造有利的思想条件。在党的领导下，中华优秀传统文化与马克思主义在碰撞中交汇，中华优秀传统文化与思想政治教育也在传承发展中相互影响，不断加深联系。在革命斗争阶段，党通过开展广泛而有效的思想政治教育，启发了民众觉悟与爱国主义热情，培养了大批革命后备力量；通过宣传党的纲领方针，奠定了广泛而坚实的群众基础，建立了革命统一战线。在土地革命、红军长征、抗日革命和解放战争等不同历史时期深入开展思想政治教育，对统一革命思想、严肃政治纪律、凝练革命精神发挥了巨大作用，极大地提高了党和人民军队的战斗力和凝聚力，保证了革命队伍的纯洁性和先进性。随着革命实践的深入，党对思想政治工作的重要地位的认识不断强化，提出了思想政治工作是"生命线"的论断，最终形成了系统阐述并上升为理论。思想政治也在这一过程中从萌芽走向成熟。新中国成立后，中国共产党开创了在全国范围内进行思想政治教育的全新历史时期，高校思想政治教育成为巩固马克思主义指导思想地位、传播主流意识形态、确保社会主义事业后继有人的重要保证。改革开放以来，随着我国社会主义事业进入新的历史时期，思想政治教育也从一段时间以来的挫折和扭曲中走上科学发展的道路。从这时起，以高校思想政治教育为重要组成部分的思想政治教育在研究新情况、解决新问题、总结新经验、提升新理论的过程中发挥了巨大的思想保证作用，高校思想政治教育的理论和实践也得到了突飞猛进的发展。思想政治教育作为马克思主义理论二级学科积累了大量的符合中国发展需要、具有民族特色的研究成果，培养了一代代具有爱国之情、报国之志的合格人才。在这样一个漫长的历史过程中，党始终将优秀传统文化运用于思想政治教育，运用中华民族在历史上创造的精神财富以文化人、以文育人。例如，1939 年卢沟桥事变爆发两周年纪念日时，成仿吾请毛泽东在华北联大的开学典礼上作报告。毛泽东引用《封神演义》中姜子牙下昆仑山后元始天尊赠给他杏黄旗、四不象和打神鞭三样法宝的典故鼓励青年学生。他说："现在你们出发上前线，我也赠给你们三样法宝。这就是：统一战线、武装斗争、党的建设。"①这实际上是中国共产党通过对自己长期斗争经验的总结所掌握的三条无往而不胜的真理。以毛泽东为代表的中国共产党人，就是通过这样灵活的方式不断推动中华优秀传统文化与思想政治教育实现历史的具体的契合。

总之，伴随着中国近代以来的风起云涌，中华优秀传统文化与马克思主义穿越时空阻隔，突破最初的隔阂，必然地走到了一起，在反复交流、交融中共同推动中华民族历史文化的创新发展，因而在历史编织下具有了现实而紧密的联系。随着中国共产党领导革命走向胜利，新中国从成立到崛起，思想政治教育的本质内涵、知识体系、任务使命更加清晰，在不断的研究与实践中深刻认识到自身与中华优秀传统文化同质互生的深层联系与紧密关系。这也为探讨融入的主题奠定了牢固的历史基石。

三、中华优秀传统文化融入高校思想政治教育的实践逻辑

从中国共产党带领全国人民进行革命建设改革的实践逻辑看，中华优秀传统文化的传承与发展始终在实现中华民族伟大复兴的伟大奋斗目标中占有特殊的地位，既是滋养与支撑，又是重要的目标和标志。在新时代背景下，培育德智体美劳全面发展的社会主义建设者和接班人的现实需要也对中华优秀传统文化的传承发展提出了具体要求。中华优秀传统文化与高校思想政治教育在实践层面上的相融相通也进一步证明了融入的可行性。

---

① 成仿吾．战火中的大学：从陕北公学到人民大学的回顾[M]．北京：人民出版社，2014：108.

(一)增强文化自信、培育新时代人才需要中华优秀传统文化为之注入力量

中华优秀传统文化源远流长，博大精深，蕴含着丰富的古圣先贤的思想与智慧，不仅塑造了中华民族的精神世界，也滋养了革命文化、革命精神，更在社会主义建设、改革过程中融入了社会主义先进文化。走过近代以来的峥嵘岁月，当今时代的中国已经以震撼世界的中国精神、中国力量、中国效率取得了历史性成就，进入了新时代，站在已经完成第一个百年奋斗目标，踏上全面建设社会主义现代化国家新征程的历史节点上阔步迈进。历史和事实有力地证明，中国特色社会主义的道路、理论、制度、文化具有鲜明的优势。而其中就有中华优秀传统文化贡献的来自千百年历史积淀的深厚力量。党的十八大以来，以习近平同志为核心的党中央更加关注文化的传承与发展问题。他指出，“中华民族在几千年历史中创造和延续的中华优秀传统文化，是中华民族的根和魂”①。“如果抛弃传统、丢掉根本，就等于割断了自己的精神命脉”②。“坚定文化自信，是事关国运兴衰、事关文化安全、事关民族精神独立性的大问题”③。以这些科学论述为指引，党和国家通过发布一系列文件，如《关于培育和践行社会主义核心价值观的意见》《完善中华优秀传统文化教育指导纲要》《关于实施中华优秀传统文化传承发展工程的意见》等，从政策和制度上推进了中华优秀传统文化在新时代的转化与发展。

“教育决定着人类的今天，也决定着人类的未来”④。在这样一个历史新阶段，国家亟须培育一代代合格人才投入到新时代中国特色社会主义事业。当代高校中的青年学生，正是未来实现中华民族伟大复兴中国梦的中流砥柱、中坚力量。因此，党从战略高度将教育置于国家发展全局的重要位置，提出“我国有独特的历史、独特的文化、独特的国情，决定了我国必须走自己

---

① 习近平在庆祝澳门回归祖国15周年大会暨澳门特别行政区第四届政府就职典礼上的讲话[N].人民日报，2014－12－21(2).

② 中共中央宣传部.习近平总书记系列重要讲话读本[M].北京：学习出版社，2014：100.

③ 习近平.在中国文联十大、中国作协九大开幕式上的讲话[N].人民日报，2016－12－01(2).

④ 习近平，清华大学苏世民学者项目启动仪式在京举行[N].人民日报，2013－04－22(1).

的高等教育发展道路，扎实办好中国特色社会主义高校”①的科学论断。思想政治教育作为高等教育中的关键一环，承担着引领青年思想成长，传递科学价值理念，促进青年全面发展的重要使命。因此；高校思想政治教育工作“要坚持把立德树人作为中心环节，把思想政治工作贯穿教育教学全过程，实现全程育人、全方位育人，努力开创我国高等教育事业发展新局面”②。这一方面从发展的角度明确了高校思想政治教育的重要作用，另一方面也从延续国家民族独立性的角度要求高校思想政治教育者从中华优秀传统文化中汲取民族的智慧、增添育人化人的文化力量。由此可见，中华优秀传统文化融入高校思想政治教育高度符合时代与现实的实践需要。通过高校思想政治教育这一具有广泛覆盖性和影响力的路径，青年一代能够对中华民族的历史和在历史中创造的优秀文化加深认识、加强运用，在传承的基础上增强文化自信，进而为发展中国特色社会主义文化做出青年人特有的贡献。概言之，传承和发展中华优秀传统文化，将中华民族优秀的文化成果融入高校思想政治教育，以文化人、以文育人，是引导青年学生正确认识中国独特的历史传承、独特的文化精神、独特的发展历程，进而深刻认识和把握中国特色社会主义的历史必然性，坚定“四个自信”的重要支撑。

从促进青年一代健康成长的现实需要角度看，汲取优秀传统文化的智慧和营养，有助于大学生自觉反思社会现代化过程中科学技术高速发展、社会物质高度丰富、文化思想多元交锋融合所带来的价值观念冲突，抵御腐朽的享乐文化和历史虚无主义等错误思潮的侵蚀。只有这样，才能帮助青年一代牢固确立正确的世界观、人生观、价值观，坚定理想信念，在思想水平、政治觉悟、道德品质、文化素养的不断提升中逐步成长为全面发展、德才兼备，堪当中华民族伟大复兴重任的时代新人。

从世界文化发展的角度看，中华文化一直在世界文化中占有重要的位置。随着综合国力的不断增强，中华优秀传统文化也重新焕发了时代光彩，走进了世界舞台的广阔空间。新时代的中国用富有民族特色和历史深度的话语阐述中国理念、展现中国思想、提出中国主张，在经济、政治、社会、生态等多个方面为世界和平与发展贡献了中国智慧、中国方案，加深了国际社会对中国的理解与尊重。在未来的世界发展中，中国要构建对外话语体系、提

---

① 习近平在全国高校思想政治工作会议上强调把思想政治工作贯穿教育教学金过程开创我国高等教育事业发展新局面[N]. 人民日报，2016－12－09(1).

② 同①.

高国际话语权，就要不断培育具有高度文化自信的广大青年，继续讲好中国故事，传播中国价值，将深邃的优秀传统文化智慧转化为国际话语优势。这也就在世界文化交流互鉴的维度，宏观地提出了中华优秀传统文化育人化人、培根铸魂的现实要求。

（二）相融相通的育人宗旨为推进融入奠定实践基础

中华优秀传统文化与高校思想政治教育具有相融相通的人本指向。中华优秀传统文化历来有“以人为本”“本固邦宁”的价值理念，在个人的发展过程中，以人的自我发展和实现为目标，将教化育人作为文化发展与传承的重要意义所在，强调形成君子人格，以“天下兴亡，匹夫有责”的家国情怀实现个人价值。儒家经典《大学》开篇破题，点明“大学之道，在明明德，在亲民，在止于至善”。这意在阐明教育的根本目标，即对崇高品格和理想人格的追求。我国高校思想政治教育以马克思主义理论为指导，坚持“立德树人”的根本目标，树立“以人为本”的教育理念，本质上正是坚持了马克思主义对人的主体价值的尊重和以人的全面自由发展为终极目标的价值理念，其核心就是将人视为发展的目的，通过影响人的思想，提升人的水平，解决人的问题，推动人向人自身本质的真正复归。由此可见，中华优秀传统文化与高校思想政治教育在实践维度上都指向德学兼备理想人格的塑造，尤其将对人的思想素养、道德品质的培养与提升作为育人的核心问题。这体现了二者本质的契合点。因此，将优秀传统文化中的崇高思想境界和价值追求与科学严谨的育人理论紧密结合起来，经过教育实践作用于青年学生，有助于以其强大的感召力激发师生无限的文化创造力，孕育出充满智慧、独具民族特色、具有广泛影响力的现代文化，培育出具有高度文化自觉、文化认同、文化自豪感的时代青年。

两者在内容上具有一脉相承的价值取向。中华优秀传统文化源远流长，形成了讲仁爱的思想道德、重民本的政治理念、守诚信的品格修养、崇正义的价值追求、尚和合的独特品质、求大同的社会理想等丰富价值理念。这是经受了历史与时间的检验的中华民族共同的智慧结晶。历史与实践证明，正是传承了数千年积淀的优秀传统文化精华才能够在民族危难之际汇聚强大精神力量，激发无穷的创造力与顽强的生命力；也正是从以爱国主义为核心的民族精神和文化传承中汲取养分，中华儿女在艰苦的革命斗争中锻造了自强不息、舍生取义、坚定信仰、团结奋进、开拓创新、追求梦想等炽热的革命精神与文化，进而在继承和发扬革命文化的基础上，凝练社会主义核心价值观。这既是将中华优秀传统文化与当代中国特色社会主义文化、中国精神相结合的创新成果，同时也集中、深刻地展现了中华优秀传统文化具有的思想魅力、时代价值。总而言之，中华优秀传统文化是社会主义核心价值观的思想源泉和丰厚滋养，社会主义核心价值观是对中华优秀传统文化的思想传承与时代创新。两者的价值取向一脉相承，体现了高度的契合性。同时，社会主义核心价值观是当今时代的文化的灵魂，是民族与国家的精神纽带。作为一种与时代主导文化紧密相依的文化活动，当代高校思想政治教育必然要以集中体现新时代中国精神与文化精髓的社会主义核心价值观为重要内容，并在实践中为社会主义核心价值观的培育与践行振臂高呼。因此，中华优秀传统文化与高校思想政治教育内容共有的价值理念为其融入思想政治教育提供了深度结合的完美切入点、落脚点和实现路径。

两者向往着互通的理想目标。中华优秀传统文化中对理想社会有着丰富描绘。《礼记・礼运》中描绘道，“大道之行也，天下为公，选贤与能，讲信修睦……是谓大同”。尚未达到大同社会的阶段被称为小康社会。据考证，“小康”一词最早出自《诗经》，其中有“民亦劳止，汔之可小康”的表述，指的是“天下为家，各亲其亲，各子其子，货力为己”，维持中等生活水平的社会。无论是大同社会，抑或是小康社会，都是古代思想家所描绘的理想的社会状态，表现了普通百姓对美好生活的向往和追求，影响了中华民族构建对社会发展完善的千年追寻。而马克思恩格斯描绘的共产主义社会，呈现着没有私有制、没有阶级、没有国家，财产社会公有，人人地位平等，大家各尽所能，各取所需，人的主体性被充分尊重并得以全面自由发展的社会图景。这一共产主义理想与中华传统文化中追求的“大同社会”存在着极大的相通性。这一人类发展与社会建设的崇高目标追求，既是马克思主义在中国落地生根的原因之一，也是中华优秀传统文化融入高校思想政治教育成为可能的重要基础。当前，中国特色社会主义已经进入新时代，党带领全国人民以坚定的共产主义远大理想和中国特色社会主义共同理想为指引，向全面建成社会主义现代化强国，实现中华民族伟大复兴中国梦的宏伟目标砥砺前行。在这个历史进程中必然包含建设社会主义文化强国的目标。这既需要坚定马克思主义理论的指导，也需要筑牢中华优秀传统文化的精神支撑，更要推进中国特色社会主义文化的发展与繁荣。因此，中华优秀传统文化融入高校思想政治教育，是符合现实发展需要的历史使命。

中华优秀传统文化与马克思主义具有鲜明的实践精神。根植于农耕与游牧经济基础的中华优秀传统文化蕴含着丰富的刚健有为、求是务实、知行合一、经世致用等思想理念，是一种面向生活现实、倡导德行践履的文化，展现出鲜明的实践精神，时至今日依然深刻影响着中华民族的思维方式与价值理念。

马克思主义的科学理论来源于实践，其自 19 世纪诞生以来一直在革命实践中不断发展，并在世界历史的发展中接受实践检验。中国人民正是在将马克思主义与中国实际相结合，指导中国革命、建设、改革的艰苦实践中，书写了从争取民族独立到建设社会主义新中国的壮丽篇章，凝练出兼具科学性和民族性，自成一派的马克思主义中国化理论成果，形成了中国特色社会主义文化。当今的高校思想政治教育就是要把中华优秀传统文化与马克思主义有机结合，将科学的理论与民族的智慧运用于创新发展和培育社会主义新人的实践之中。这两种不同文化形态展现的共通的实践精神使中华优秀传统文化融入高校思想政治教育有了更大的可能性。

综上所述，中华优秀传统文化融入高校思想政治教育是可能的、必要的，更是可行的。而立足当代高校所肩负的育人使命和提高育人实效性的迫切要求，自觉地加强优秀传统文化教育，厚植文化根脉，积极地把优秀传统文化纳入思想政治教育创新发展的视野更是必要的、迫切的。因为只有这样，高校思想政治教育才能推动自身实现不断发展，克服历史虚无主义和文化虚无主义对青年一代的消极影响。大学生才能用中华优秀传统文化夯实自身理论武装，才能既做坚定的马克思主义者，才能自觉做传承中华优秀传统文化的引路人，并在未来积极培育中华优秀传统文化新一代的传承者、弘扬者、创新者。

第四章　中华优秀传统文化融入大学生思想政治教育的策略

传统文化融入大学生思想政治教育，必须坚持马克思主义，以毛泽东思想和中国特色社会主义理论体系为指导，深刻领会习近平新时代中国特色社会主义思想和中华民族伟大复兴中国梦精神，积极促进大学生文化素质和道德素养的全面发展。正确的原则、科学的顶层设计、丰富的文化实践、可操作的规范路径，是传统文化融入大学生思想政治教育的现实指向。

第一节　中华优秀传统文化融入大学生思想政治教育的主要原则

所谓原则，就是说话或行事所依据的法则或标准。将中华优秀传统文化融入大学生思想政治教育的基本原则就是指大学生传统文化教育实践活动所应遵循的最为普遍、最为重要并始终坚持的准则。教育部印发的《完善中华优秀传统文化教育指导纲要》为加强大学生传统文化教育提供了基本遵循。按要求，加强大学生传统文化教育应坚持立德树人与知识教育相结合、继承传统与改革创新相结合、主渠道与主阵地相结合等原则。

一、立德树人与知识教育相结合原则

立德树人是教育的根本任务。高校作为人才培养的重要阵地，担负着培养德智体美劳全面发展的社会主义合格建设者和可靠接班人的任务。中国传统文化作为大学生思想政治教育的重要内容，既是一种文化知识，也是涵养“立德树人”教育根本任务的文化源泉。因此，加强大学生中国传统文化教育理应既重视文化知识教育，又强调以“立德树人”为根本目标并为之服务，做到立德树人与知识教育相结合。

(一)立德树人为根本任务

传统文化是落实“立德树人”教育任务的文化涵养。传统文化历来倡导追求真、善、美的统一,中国人自古以来就以成德建业、厚德载物为理想。古人认为最上等的是树立德性,其次是建立功业,再次是创立学说。这种以道德为首要取向的文化人格是传统文化的重要思想,后经诸子百家阐释、社会历史发展的检验,立德树人的思想在现代教育中日益根深蒂固。可以说,传统文化的根本就在立德,大学生传统文化教育就是植根在传统文化的丰厚土壤的基础之上,引导大学生“立德”,提高大学生思想素质,促进大学生全面发展。

“立德树人”包含了对加强传统文化教育的要求。坚持立德树人的根本任务就是要坚持把德育放在首位。大学时期是人的全面发展的关键时期,对于培养大学生健全的人格、积极的情感和良好的品德具有重要价值。传统文化教育的主要内容之一就是要对大学生进行道德教育,培育大学生的良好品德,开展大学生传统文化教育就是落实立德树人根本任务的必要途径。

(二)知识教育是重要基础

加强大学生传统文化教育应以传统文化知识的教育为基础。文化知识教育是一切教育的重要基础。众所周知,任何教育要想顺利进行就必须符合学生的认知规律。心理学研究表明,人们接受教育的过程就是一个知情意信行的过程,只有先对教育内容有一定的认识和了解,才会有对教育内容的情绪情感反应,进而产生对教育内容的意志信念,内化于心,外化于行。对大学生进行传统文化教育必须使大学生先有对教育内容即传统文化基本内容的了解与掌握。加强大学生传统文化教育首先要保证大学生掌握传统文化基本知识,才能保证教育有效果。传统文化教育包含对传统文化的知识教育,其中包含物质形态层面,知识、技艺层面,行为、制度层面,文学、艺术层面和思想、精神层面等。因此,要体会博大精深、源远流长的传统文化的璀璨光辉和巨大价值,就要掌握关于传统文化的知识,就要掌握中国的语言文字,了解传统文化得以产生发展的历史地理环境、经济基础、社会政治结构,把握传统文化几千年的发展历程,熟知中国古代科学技术,理解传统文化基本内容。因此,加强大学生传统文化教育必须打牢大学生的传统文化知识基础。

(三)坚持立德树人与知识教育相结合

在大学生传统文化教育中,要将立德树人与知识教育结合起来。一方面,立德树人是知识教育的根本要求和最终目的。知识教育是教育的第一层,也是基础层,必须把大学生传统文化知识教育落实到立德树人的根本任务上。另一方面,知识教育是立德树人根本任务实现的前提和基础。只有掌握了基本的传统文化知识,才能更好地理解传统文化的基本精神,才能为实现教育立德树人根本任务提供思想基础。大学生掌握传统文化知识是为了更好地理解传统文化的丰富内涵,在认知的基础上达到内化,进而丰富大学生的精神世界,促进大学生成长成才。

坚持立德树人与知识教育相结合,就是要遵循教育规律和学生成长成才发展规律,把立德树人教育根本任务的要求与传统文化知识融入大学生传统文化教育。例如,在对大学生进行传统文化发展史教育时,在知识教育层面,既要使大学生了解传统文化几千年的历史沧桑,又要引导大学生感受传统文化的深厚历史底蕴与强大的精神力量,引导大学生正确对待挫折,坚信"艰难困苦,玉汝于成",不断追求德性的完善,努力成为全面发展的人。

二、继承传统与改革创新相结合原则

(一)继承传统美德

传统美德是传统文化的核心,是大学生传统文化教育的重要内容。加强大学生传统文化教育要坚持继承传统,即要继承中华传统美德和中华民族精神。

加强大学生传统文化教育,继承中华传统美德,就是要加强中华传统美德教育。中华传统美德是中华传统文化的精髓,蕴含着丰富的思想政治教育资源,是大学生传统文化教育的主要内容。继承中华传统美德是加强大学生传统文化教育的需要,要教育大学生"重视整体利益,强调责任奉献;推崇'仁爱'原则,注重以和为贵;提倡人伦价值,重视道德义务;追求精神境界,向往理想人格;强调道德修养,注重道德践履,不断弘扬中华传统美德"。

加强大学生传统文化教育,继承中华民族精神,就是要加强大学生中华民族精神教育。在中华民族五千多年的发展历史中,以爱国主义为核心的伟大创造精神、伟大奋斗精神、伟大团结精神、伟大梦想精神等伟大民族精神形成了。那是我们这个民族历经磨难而不灭的强大精神支撑,是中华民族生命力、凝聚力、创造力的不竭源泉。中华民族自古以来形成了追求国家统一、民族团结、亲仁善邻、讲信修睦、勤于劳动、善于创造、无所畏惧、坚持正义、不屈不挠、发奋图强的传统。这些传统无不蕴含着爱国主义这一精髓。大学生要继承以爱国主义为核心的中华民族精神,就要做到“爱祖国的大好河山,爱自己的骨肉同胞,爱祖国的灿烂文化,爱自己的国家,在新时代尽自己最大的努力推进祖国统一,促进民族团结,增强国家安全意识”,弘扬中华民族精神。

(二)创新传统教育

1.坚持创新教育内容与形式

当前,全球化程度日益加深,网络技术发展突飞猛进,多元文化交流、交锋、交融更加频繁,教育环境愈加复杂,大学生的思想意识、价值追求和个性特点也随着社会发展而更加自主、多样、鲜明。对于大学生传统文化教育而言,只有不断创新内容与形式,与社会发展相适应、与大学生文化需求相吻合、与高校思想政治教育创新相承接,才能使传统文化教育取得更好的效果。既要对中华传统文化的内容进行改造,使之更好地适应大学生思想政治教育的需要,适应大学生成长成才的需要,又要创新大学生传统文化教育的形式,使之与社会发展相适应,与大学生接受教育的要求相适应。

2.坚持适应教育发展新要求

大学生传统文化教育要适应形势发展,既敢于变革自身,又勇于睁眼看世界,结合中国实际,大胆试验,培养大学生的国际视野。这也是大学生思想政治教育改革创新的重要方面。

(三)坚持继承传统与改革创新相结合

在传统文化教育中,要引导大学生将继承传统与改革创新结合起来。一方面,继承传统是大学生进行传统文化教育改革创新的前提。人类一切知识的获得都是建立在前人的发现或经验基础之上的,只有掌握了知识和经验,才能在既有基础之上有所改革和创新。传统文化能绵延至今并发挥重要作用,就在于它既承载着历史,又不断发展自身,顺应历史发展潮流。这本身就是一个不断继承、累积、创新的过程。只有经过量的积累,才能达到质的飞跃;只有在继承的基础上才能创新。另一方面,改革创新是大学生传承传统文化教育的必然要求。改革创新是大学生传统文化教育更好地继承传统的保障。加强大学生传统文化教育必须做到与时俱进,结合时代和社会发展现实与大学生思想观念变化,不断创新传统文化教育的内容与形式,才能取得更好的教育效果,才能保证中华传统美德与民族精神一代代地继承和传承下去,才能促使传统文化更具生机与活力。

坚持继承传统与改革创新相结合,要在国家层面进行家国同构的主体意识教育、自强不息的民族精神教育、天下大同的社会理想教育;在社会层面进行天人合一的关爱自然教育、推己及人的关爱他人教育、以人为本的关爱人类教育;在个人层面进行重义轻利的价值观念教育、修齐治平的理想信念教育、君子圣人的理想人格教育。同时要创新教育方式方法,善于利用网络媒体、节日庆典,强调体验参与,加强大学生的中华优秀传统文化教育。

三、主渠道与主阵地相结合原则

高校思想政治理论课是大学生思想政治教育的主渠道,日常思想政治教育是主阵地。加强中华优秀传统文化教育,要充分发挥、运用好主渠道与主阵地的作用,坚持主渠道与主阵地相结合。

(一)发挥思恕政治理论课主渠道作用

作为大学生思想政治教育重要组成部分的大学生传统文化教育,要充分发挥思想政治理论课在大学生思想政治教育中的主渠道作用,切实推进传统文化教育。

课堂教学是传统文化教育全部教学的中心环节。通常情况下,理论知识的教学任务主要是通过课堂教学来完成的。同课外活动相比较,课堂教学是科学的、有规律的,是保证教学质量、确保学生接受教育的关键。要对大学生进行传统文化教育,就必须抓住课堂教学,对大学生进行科学的传统文化教育。课程是教育思想、教育目标和教育内容的主要载体,是学校教学活动的基本依据,直接影响着人才培养的质量。大学生思想政治理论课集中体现了国家意志和培育践行社会主义核心价值观的要求,对大学生思想文化素质的提升具有重要的作用。大学生传统文化教育要融入大学生思想政治理论课程,设置专门的传统文化课程,坚持必修课与选修课相结合、通识课与专题课相结合,设计科学有效的传统文化课程体系,集中体现传统文化的精华和教育立德树人的根本任务要求。[①]

(二)发挥日常思想政治教育主阵地作用

日常思想政治教育以党团组织、社团活动、班级工作为载体，通过日常管理和教育活动对学生进行思想、政治、道德等教育，是大学生思想政治教育的主阵地。新形势下加强大学生中华传统文化教育必须充分发挥日常思想政治教育主阵地的作用。

日常思想政治教育可以看作是大学生思想政治教育中由“毛细血管”组成的微循环。微循环对主渠道起着配合、辅助的作用。作为微循环的日常思想政治教育虽小但数量极大，且分布极广，能到达主渠道到不了的地方，且无处不在，随时随地发挥着作用。它能够承担起协助和配合主渠道的作用，维护主渠道的安全，分担主渠道的压力。大学生日常思想政治教育更为贴近大学生的生活、学习实际，像空气一样围绕在大学生周围，潜移默化地发挥着教育作用，配合思想政治理论课，共同提高大学生的思想政治修养和道德素质。同时，日常思想政治教育既涵盖了主渠道的教育内容，又融入了就业指导、心理健康、人格发展、综合素质培养等内容，通过灵活多样的主题教育活动与日常管理，促进大学生成长成才。加强大学生传统文化教育必须充分利用日常思想政治教育，发挥其育人作用。

发挥主阵地在加强大学生传统文化教育中的作用，就要在大学生日常思想政治教育中融入传统文化，立足于学生全面发展，在日常教育、管理、服务中积极融入传统文化。例如：抓住民族传统节日、历史人物事件纪念日等契机，开展经典诵读、知识竞赛等活动；利用班会、主题团日活动、心理班会、年级大会等倡导大学生学习传统文化；组织学生积极参与“全国大学生道德实践成果网络巡礼”“道德模范进校园”“礼敬优秀传统文化”等实践活动；充分利用网络和移动自媒体，通过微博、微信等引导大学生正确对待外来文化，坚定传统文化自信；等等。这些都是在日常思想政治教育中对大学生进行传统文化教育的有效形式。

(三)坚持主渠道与主阵地相结合

在大学生传统文化教育中，要将主渠道与主阵地结合起来。一方面，思

---

① 开凤香.中华优秀传统文化融入思政课教学研究[M].长春：吉林大学出版社，2020.

想政治理论课与日常思想政治教育具有统一性。思想政治理论课与日常思想政治教育统一于思想政治教育范畴，二者具有相同的教育目标，都是培养中国特色社会主义事业的合格建设者和可靠接班人的教育活动，二者的教育内容和教育队伍亦有重合，都是大学生思想政治教育的重要方面。另一方面，主梁道与主阵地具有互补性。主渠道与主阵地就像大动脉与毛细血管、主干道与小巷道，相互配合，互为补充，成为大学生思想政治教育的两个主要抓手。“思想政治理论课为增强日常思想政治教育的效果提供了理论支持，日常思想政治教育的开展也为深化和巩固思想政治理论的‘主渠道’教育效果提供了‘阵地’基础，成为思想政治理论教育的课外延伸和有益补充。”两者相互结合，对提升大学生传统文化教育的实效性意义重大。

坚持主渠道与主阵地相结合，就是要在对大学生进行传统文化教育时，既发挥主渠道在传递传统文化教育内容方面的主要作用，又发挥主阵地在加强大学生传统文化体悟、深化大学生传统文化认同方面的功能，将两者有机结合，共同促进大学生传统文化教育有效实施。比如，当弘扬中华民族勤劳节俭的传统美德时，在思想政治理论课中，教师要向学生讲清楚传统文化中勤劳节俭的含义、具体表现、生动事例，讲清楚勤劳节俭对于当下社会、个人的重要意义，讲清楚今天弘扬和倡导勤劳节俭的传统美德的时代意义以及传承这一美德的做法。同时，在日常思想政治教育中要结合主渠道教育，巩固和深化大学生对传承和弘扬这一传统美德的认识，鼓励大学生在日常实践中自觉践行，通过校园文化建设、社会实践、教育管理等途径，引导大学生在生活、学习实践中发扬勤劳节俭的传统美德。

第二节　中华优秀传统文化融入大学生思想政治教育的途径

中华传统文化博大精深，充分挖掘其中的优秀资源，将传统文化融入思想政治教育，创新思想政治教育的路径，促进思想政治教育和传统文化教育的结合，丰富大学生思想政治教育内容，从而达到提升教学效果的目的。

一、融入教育教学过程

中共中央、国务院印发的《关于加强和改进新形势下高校思想政治工作的意见》中明确提出，推动中华优秀传统文化融入教育教学。教学作为培养大学生的主渠道，承担着最主要的教育内容。对大学生进行中华传统文化教育，必须将中华传统文化内容融入教育教学过程，需要对课程、教材、教学以及评价等诸环节进行整体设计、科学论证，使各个方面相互配合，协调发展。要编好教材，开好课程，务实从事教学研究，建立健全督导评价，协同推进教材编写、课程设置、教学实施、科学研究、评价督导等各环节，使其有效配合，相互促进。

(一)编好教材、设好课程

教材和课程是大学生思想政治教育的重要载体和途径，加强大学生传统文化教育，必须依托编好教材、开好课程，充分发挥教材与课程在大学生思想政治教育中的基础性作用。

1.编好教材

大学生传统文化教育不同于其他学段教育，在教育目标与教材内容方面应有独特要求。因此，在教材编写、课程设置方面应与大学生传统文化教育要求相适应，与大学生思想政治教育相协调。

(1)编写专门教材。教材编写要依据《完善中华优秀传统文化教育指导纲要》要求，加强各学段教材上下衔接，横向配合。应组织专家学者撰写适应不同层次学生使用的中华传统文化教育专门教材，增强教材的专业性与实用性，确保教材内容的连续性。编写与教材配套的教辅资料和练习书，增强教育效果。教材内容应密切联系学生生活，设计科学的呈现和编排方式，增强对学生的吸引力。

(2)开发特色校本教材。校本教材是指学校教师个体或群体，在学校课程设计的总思路下，根据自身特点和区域文化特色，有效开发校本课程，利用校内外教学资源，自主编写和开发满足学生个性发展的教材，包括教师编写的讲义补充的阅读材料及正式出版发行的教材。要根据“差异性与整体性融合、适应性与发展性兼顾、知识性与趣味性并存、生活性与教育性统一的原则”，开发和选用具有区域特色的传统文化教材，鼓励开发实用性强的校本教材。

(3)修订相关课程教材。将传统文化的基本内容写入德育、历史、文学、艺术等相关课程教材，增加传统文化在学科教材中的比例。统筹各学科，充分发挥人文社会学科的独特育人优势，进一步提升数学、科学技术等课程的育人价值。同时，加强学科间的相互配合，形成育人合力，发挥综合育人功能。

2. 开好课程

要完善课程体系建设，推进中华优秀传统文化进教材、进课堂、进头脑，加强中华优秀传统文化课程建设，使之成为加强大学生传统文化教育的重要途径。

(1)增设传统文化课程。要增设学习传统文化的课程，使大学生在学校教育中始终受到传统文化的熏陶和感染，把传统文化的学习与思想道德素质的培育结合起来。坚持必修课与选修课相结合。开设传统文化选修课，如经典诵读、传统技艺修习等，拓宽选修课覆盖面，提升教育成效。坚持概论课与专题课相结合。开设一些关于传统文化的课程，使大学生从宏观上了解传统文化，突出系统性。开展传统文化专题教育，突出针对性。

(2)积极研发具有地方特色和学校特色的校本课程。要适应大学生差异化的需求，进一步改革课程设置，增加人文素质课程，结合本校特色和地方传统文化资源，开设专门的思想研究课程。还可以根据地域特点，开设独具特色的地方民俗文化探源课、艺术欣赏等课程，以专题研讨、主题实践等多样的形式推动大学生传统文化教育课程体系的完善。

(3)切实将中华优秀传统文化与思想政治理论课相融合。在大学生思想政治理论课教学中融入传统文化内容，在马克思主义理论的指导下，真正地把传统文化的精华内化为学生的基本价值理念和人生信条。

(二)加强教学研究

教学研究是高校育人工作的重要方面，是加强大学生传统文化教育的主要渠道。以课堂教学为抓手，在课堂教学中增加传统文化教育内容，加大阐发力度，同时加强对传统文化的科学研究，为加强大学生传统文化教育提供理论支撑。这是融入教育教学过程的重要方面。

1. 融合教学内容

从总体情况看，在高校思想政治理论课教学中，需要加深对传统文化的阐释，增加传统文化教育内容，讲清楚传统文化的现代发展，促进传统文化与教学内容的有机融合。

(1)要深入阐释传统文化。对大学生进行传统文化教育，不能只停留在对传统文化的表层理解上，需要深入阐释它的思想渊源、深刻内涵、重要价值、现代转化等，使大学生理解传统文化的精神实质，强化大学生的文化主体意识与文化创新意识。

(2)要增强传统文化与教学内容的联系。在大学生思想政治教育中,要重视哲学社会科学课程的育人功能。在大学生思想政治理论课教学和其他课程教学中,教师要善于联系传统文化,使传统文化成为教学内容的佐证,辅助大学生理解教育内容。比如,在教育学的教学中,要重视、学习和借鉴传统文化中的教育思想。

(3)要讲清楚传统文化的现代发展。传统文化融入教学内容,不是仅仅对传统文化的历史发展、内涵意义的解读,更应阐释传统文化在当今社会的重要价值,对个人、社会、国家的积极作用。

2.加大研究力度

要加大对传统文化的研究力度,既要对传统文化的发展历程、基本内容有全面整体的研究,又要对传统文化的组成部分有深入的专题式研究,增强传统文化教育的理论支撑。要“加强对传统文化思想价值的挖掘,梳理和萃取传统文化中的思想精华,提出通俗易懂的当代表达,赋予新的时代内涵,使之与中国特色社会主义相适应,让传统文化在新的时代条件下不断发扬光大”。

(1)要做好传统文化的全面整体研究。充分发挥教育系统特别是高校理论研究优势,组织专家学者,集中力量系统地研究传统文化的历史渊源、重大意义、科学内涵、基本要素和实践途径等,支持相关课题研究、学术研讨、著作出版,为加强大学生传统文化教育提供理论基础和学理支撑。

(2)要做好传统文化的深入专题研究。在对传统文化有整体把握的基础上,依托相关研究机构和团队,设立专门研究项目和课题,开展传统文化研究,尤其加强与社会发展联系密切、与大学生思想文化素质关联紧密的课题研究,加强社会主义核心价值观与传统文化关系研究,比如儒家的“仁”“礼”思想的现代转化研究等。

(3)要做好传统文化教育学科建设研究。推动建立传统文化教育学科,促进大学生传统文化教育专业化、科学化。做好相关的人文社会科学学科建设研究,比如历史、文学、哲学等,加强相关学科对传统文化教育学科的支撑作用。同时,做好大学生传统文化教育实践活动的经验总结,为大学生传统文化教育的研究提供经验指导。

二、创新教育方式方法

方法是指为达到某种目的而采取的途径、步骤、手段等。它作用于大学生传统文化教育过程的各个环节,影响大学生传统文化教育的实效性。结合教育环境的新发展与大学生思想意识的新变化,应不断创新教育方式方法,会用网络媒体、善用节日庆典、常用体验参与是加强大学生传统文化教育的有效途径。

(一)利用网络媒体

在移动互联网高速发展的今天,网络思想政治教育应运而生。加强大学生传统文化教育必须抓住网络教育平台和移动自媒体平台,更好地发挥网络的巨大作用,突出网络媒体的优势,推进传统文化教育网络化。

1.提升运用网络媒体能力

网络为大学生传统文化教育提供了新的表达形态和新的交流通道,教育者必须不断提升自身运用网络媒体的能力。

(1)提升运用网络新媒体的能力。要遵循信息网络规律,掌握运用微信、微博等新媒体操作技术,充分利用移动自媒体等新兴传播工具,借助其碎片化、娱乐化的传播特点,精心设计和传播传统文化内容,利用互联网开设传统文化网络课程,供学生在线学习。

(2)提升运用“网言网语”的能力。网络流行语言以其诙谐幽默的语言风格和简单明确的情感表达广受大学生群体的欢迎,并从虚拟世界走向现实社会。可利用网络流行语的“文言文表达”,传达传统文化教育内容,使传统文化借助“网言网语”的生动形式在大学生群体中广泛传播。

(3)提升网络监管的能力。要切实增强网络信息安全管理能力,强化对网上信息的甄别、批判能力,学习掌握抵御网络攻击的技术规范和技巧,为大学生传统文化教育营造风清气正的网络环境。

2.加强网络教育平台建设

各种各样的网络平台成为传播教育信息的重要载体,加强大学生传统文化建设必须加强网络平台建设。

(1)充分利用现有平台。加强“中国大学生在线”、“中国青年网”、校园网和各级共青团组织官方微博、微信等平台建设,向大学生定期推送传统文化知识,宣传报道弘扬中华优秀传统文化中的典型人物和事迹,从而产生可敬、可亲、可学的示范效应。

(2)积极扩展新平台。整合现有文化资源共享信息平台,推动传统文化网络传播和在线学习。比如,可以利用现在深受青年追捧的网络直播平台,进行传统文化教育网络直播，以名师名家吸引大学生积极关注。

(3)打造专门教育平台。大学生传统文化教育要打造专门的教育平台。比如，建立全国统一的、专门的大学生传统文化教育网站，努力扩大其在大学生群体中的影响力，促进传统文化入脑入心。

3.提高网络教育质量

要提升网络教育的质量，就要从加强网络环境治理、提升网络教育资源质量、普及网络教育着手。

(1)要加强网络环境治理。良好的学习环境可以让大学生在潜移默化中学到传统文化知识。现在的大学生长时间处于网络环境中，受知识、经验和自身发展的限制，在面对信息庞杂的网络环境时难免会受到影响。要利用法律法规和网络道德加强网络环境管理和治理，营造良好的网络环境。

(2)要提升网络教育资源质量。在利用现有平台和开发新平台时，一定要着力提升教育平台质量，以质取胜，增强教育效果。有效整合跨区域、跨高校的教育资源，实现受欢迎度高的慕课和教育资源共享，加大网络优质教育内容供给。

(3)要普及网络教育。尽管网络已经在大学生群体中基本普及，但网络教育在大学生群体中仍然发展缓慢。加大网络教育普及，为大学生接受传统文化网络教育提供便利。

(二)善用节日庆典

传统节日是传统文化的重要组成部分，是传统文化和传统美德的重要载体，蕴含着传统文化深层次的文化内涵与价值元素。各种各样的仪式庆典同样承载着丰富的内涵，蕴含着一定的价值观念，具有教育功能。传统节日和仪式庆典所营造的浓厚文化氛围成为加强大学生传统文化教育的重要契机。

1.运用节日庆典的独特优势

所谓节日庆典，是各种节日、庆祝仪式、纪念活动的统称，既包括春节、端午节、清明节、中秋节、国庆节等，也包括各地区、各社会团体的独特节日和仪式，比如泼水节、火把节、古尔邦节，还有学校的开学仪式、升旗仪式等。运用节日庆典对大学生进行传统文化教育具有独特优势。

(1)扩大参与度。节日庆典的趣味性能够调动大学生的参与积极性，节日庆典的生活性为传统文化教育营造了良好的氛围，提供了鲜活素材和有效切入点。

(2)增强接受度。大学生容易受节日庆典氛围的感染。不管是传统节日还是重大庆典,特定的环境氛围所传递的价值观念、伦理道德与生活方式更容易为大学生所接受。除去节日庆典本身所要求的特定时间节点和仪式要求,其所传递的天人合一、崇尚和谐、忠义爱国等思想更易于被大学生接受。

(3)提升认同度。节日庆典具有广泛的群众基础,大多源于人民群众,传承于人民群众,可以利用传统节日、仪式庆典加强大学生的生活体验。比如,在传统节日感受民俗,如端午赛龙舟、清明祭扫等,引导大学生在互动体验中将优秀传统文化的基本精神内化于心、外化于行。

2.挖掘节日庆典的文化内涵

运用传统节日和庆典仪式对大学生进行传统文化教育,就要善于挖掘其中蕴含的思想文化内涵,营造继承传统、注重礼仪的文化氛围。

(1)要挖掘传统节日所蕴含的尊亲敬老、仁爱和谐等思想。深入挖掘传统节日所具有的深厚传统文化底蕴。比如,春节吃团圆饭、放鞭炮,端午节吃粽子,清明节纪念祖先,中秋节家人团圆吃月饼等。这些传统习俗中所蕴含的对国家的热爱、对自然的尊重、对和谐人际关系的追求、对亲人长辈的尊重和关怀等,都是大学生传统文化教育的重要内容。

(2)要挖掘庆典仪式所蕴含的爱国主义、勤奋自强等思想。深入挖掘学校的升旗仪式、运动会、校庆、开学第一课、纪念日等庆典的重要教育意义。以国家公祭日、烈士纪念日等为契机,组织师生前往烈士陵园、纪念馆、爱国主义教育基地等参观学习,激发大学生热爱祖国、勤奋自强等思想情感。

(3)要营造继承传统、注重礼仪的文化氛围。在深入挖掘传统节日、庆典仪式的传统文化内涵的基础上,要营造继承传统节日、民风民俗、庆典仪式的文化氛围,形成浓厚的育人氛围。

3.运用节日庆典的生动形式

中国传统节日和庆典仪式的生动形式可以成为大学生传统文化教育的有效形式和有益借鉴,要在继承传统节日、庆典仪式固有形式的同时创新形式。

(1)继承节日庆典的固有形式。要保持传统节日的灵魂,传承优秀传统习俗。要注重利用春节、元宵、清明、端午、中秋等传统节日的民风民俗、仪式规程,深入开展各种各样的主题活动,领会民风民俗、仪式规程的文化内涵，确保传统节日的“传统”不被淡忘，庆典仪式的“礼仪”不被丢弃。

(2)创新节日庆典的形式。要推动传统节日的现代转型，增强传统节日的群众参与性与文化形式的丰富性。开展移风易俗活动，创新民俗文化形式，形成与历史文化传统相承接、与时代发展相一致的新民俗。

(3)在利用节日庆典的生动形式的同时，注意形式与内容的有机结合，形式服务于内容。要引导大学生感受其中蕴含的传统文化内涵，在感受传统节日、庆典仪式的生动形式中接受传统文化教育。

(三)常用体验参与

创新大学生传统文化教育方式方法，需要改变传统的以教师讲授为主的灌输式教育，充分利用开放课堂、混合式教学、翻转课堂、参与式课堂、课外活动等，让大学生在实践活动中体验参与，突出传统文化教育的道德实践导向，以体验式、互动式、情景式教学使大学生掌握传统文化。

1.运用参与式教学方法

参与式教学是在“以学生为中心，以活动为主，共同参与”的理念指导下，强调在教学中体现学生主体地位的教学组织形式和教学方式。参与式教学让大学生积极参与教育过程，使之成为传统文化的宣传者，充分调动大学生的主观能动性，提高大学生学习和接受的积极性。

(1)增强教育的趣味性。要将传统文化深厚的内涵形象地表现出来，转变为可见、可学的生动例子，找到传统文化和大学生成才需求的契合点，激发大学生学习的兴趣，如通过传统诗词朗诵、猜灯谜、知识竞赛等喜闻乐见的活动广泛吸引大学生的参与。

(2)推进教学方法改革。引导大学生积极参与课堂教育，分享观点，碰撞思维，使大学生成为传统文化的主动学习者和研究者。比如，针对当今社会发展中存在的一些困境、难题和危机，通过讨论、辩论、启发的方式鼓励大学生从传统文化中寻找解决方案，真正让大学生们认识到传统文化的现实意义和深远价值，将传统文化学习的自发行为转变为自觉行为。

(3)亲身感受教育内容。组织大学生参观烈士陵园、英雄纪念碑、名人故居，以培养大学生的爱国情怀。根据学校实际情况，组织学生考察文化遗址，参观历史博物馆、民俗馆、纪念馆、文化馆、科技馆、图书馆、美术馆等，了解我国悠久、丰富的文化遗产。通过实践活动把历史和现实结合起来，把民族精神和时代精神结合起来，把知识传授、理论教学与社会实践结合起来，让大学生在体验经历中提升传统文化素养。

2.充分利用第二课堂

课堂教学以外的各种教育形式和活动是大学生思想政治教育的重要途径,也是大学生传统文化教育必须充分利用的第二课堂。开展大学生传统文化第二课堂教育实践活动,能够促进大学生的知识、情感、行为的有机统一。

(1)利用好学生社团、专题讲座等校内第二课堂。成立大学生传统文化宣讲团,使大学生在宣讲准备的过程中增加对传统文化的认知和认同,在宣讲过程中加强对其他大学生的传统文化教育。鼓励学生成立社团、协会,推动学生社团经常开展“品读经典”“读书节”等活动,引导学生养成阅读传统文化经典名著的良好习惯。邀请专家学者开展传统文化专题讲座,为大学生学习传统文化提供深入指导。

(2)开展好社会实践、志愿服务等校外第二课堂。充分发挥社会实践、志愿服务的作用,引导学生在服务他人、奉献社会中升华对传统文化的认知。依托大学生社会实践活动,通过组织大学生开展社会调查、志愿服务等,积极引导大学生参与非物质文化遗产、历史遗址遗迹等地方传统文化资源的保护和传承。定期开展参观体验、专题调研、研学旅行、红色旅游、志愿服务和社会公益活动,使大学生切身融入丰富的历史文化,在亲身接触中了解中华民族的悠久历史和灿烂文化,增强民族自信心和自豪感。

三、营造校园文化氛围

校园文化是在大学发展历程中积淀而成的,以校园为空间背景、以师生为行为主体、以校园学习与生活为主要内容的一种亚文化。作为最具活力的文化形态之一,校园文化在发展社会主义先进文化,形成共同社会理想,构建和谐校园等方面起着重要作用。按照校园文化的存在形态,可以将其划分为物质文化、精神文化和制度文化。与课堂教育不同,校园文化如同空气一般对大学生有潜移默化的影响,具有很强的吸引力、感染力和渗透力。要将传统文化融入校园文化,就要利用物质文化熏陶,创设精神文化陶冶,建设制度文化规范。

(一)利用物质文化熏陶

物质文化是指人类创造的物质财富及其创造方式,是可感知的、具有物质实体的文化。秦始皇陵兵马俑体现的是帝王权威,万里长城承载的是农业文明下的国家安全观,拔地而起的摩天大楼彰显着工业文明之后人定胜天的壮志……一代代物质文化就是一代代的固化价值观。加强校园物质文化建设，将中华优秀传统文化融入自然人文景观、文化场馆、文化产品，营造浓厚的传统文化教育氛围。

1.融入自然景观

要将传统文化融入校园人文景观和自然景观，融入校园文化整体规划之中，使大学生感受其中、享受其中，在潜移默化中受到熏陶和教育。

(1)在校园内各场所设置有针对性的传统经典名言警句、优美诗句、书法绘画、古代文人墨客的画像，如在食堂题写“一粥一饭当思来之不易”等关于节俭的名言，在教室题写如“学而时习之不亦说乎”等关于学习的名言等，形成浓郁的弘扬传统文化的氛围，使传统文化教育达到“随风潜入夜，润物细无声”的效果。

(2)设立具有传统文化内涵的雕塑碑刻等。在校园里设置古代名人塑像、体现传统文化精神的碑刻、富有特色的建筑等，也可结合学校专业特色，如师范类院校放置孔子的塑像，水利学院摆放李冰的塑像，法学院可以摆放诸如商鞅、沈家本等的雕塑，随时随地传递中华优秀传统文化的魅力。

(3)增加传统文化展示。安装名人名言镜匾，中华优秀传统文化主题教育灯箱、展示板等，结合办学历史、办学定位和专业特点，在校内规划建设具有传统文化元素的人文景观和宣传展示平台，专门开辟空间，建设高水平的传统文化宣传画廊、文化教育名人墙等文化景观，努力让学校的一事一物都能发挥教育作用，让师生时时刻刻、时时处处都能接受熏陶。

2.融入各类场馆

要充分发挥校内博物馆、校史馆、档案馆、展览馆、纪念馆、美术馆等文化场馆的育人功能。

(1)完善场馆建设。图书馆是大学真正的“地标”，被认为是大学精神的“守望塔”和大学文化的“精神堡垒”，要充分完善校内图书馆、博物馆、校史馆、档案馆、展览馆、纪念馆、美术馆、广场等育人载体。比如建设四季广场，以二十四节气为主题，展现传统文化。

(2)挖掘文化场馆内涵。故宫博物院借助网络的力量让陈列在博物馆里的文物活了起来，让历史获得新的生命，使故宫中的文物成为“网红”。这种做法为高校教育提供了借鉴。高校要深入挖掘校内的故居旧址、历史遗迹、文化遗产、景观景点，和校史、院史、学科史、人物史等丰富的教育资源，借助新媒体的传播力量传播传统文化。

(3)发挥文化场馆的育人功能。学校里的校史馆、博物馆等场馆要在保证正常运行的基础上,通过增加开放场馆的时长、设置义务讲解员等方法,让大学生更多地接受教育。同时,要积极"走出去",加强面向大学生的宣传,让更多的大学生感受传统文化的熏陶。

3. 融入文化产品

校园文化产品是蕴含着一所学校独特文化、被人们使用和消费、满足人们某种需求的物品。比如书籍、音像制品,具有校园文化特色的文化衫、纪念明信片、文具、艺术品、生活用品等,都蕴含着一所大学的精神文化,具有实用性、艺术性、独特性、教育性等特点,是校园物质文化的重要体现。

(1)积极开发文化产品。与传统文化相关的书籍、音像制品等,增加传统文化教育资源供给,满足不同层次、不同类型学生的学习需要。如将大学生创作的与传统文化有关的作品编辑出版,既增加教育内容,又调动大学生学习传统文化的积极性。(2)积极将传统文化融入艺术品和纪念品。如在具有校园标识和校园风景的手绘明信片、吉祥物、艺术摆件上融入传统文化内容。这些具有学校特色的艺术品和纪念品以其独特的艺术价值和内涵深受大学生喜爱,能有效传播传统文化。

(3)积极将传统文化融入实用物品。可将体现学校特色、象征大学精神的传统文化融入书签、便签、水杯、文化袋、钥匙扣等用品中,使大学生随时接受传统文化的熏陶。

(二)创设精神文化陶冶

"校园精神具有极强的渗透性,渗透、潜伏和弥散在整个校园的各个层面,形成浓厚的精神氛围,让师生置身其中不知不觉地受到感染、熏陶和教化。"大学精神是校园精神文化的核心,校风是校园精神文化的体现,校园文化活动是校园精神文化的重要载体。创设校园精神文化陶冶,就是要将传统文化融入大学精神,融入校风,融入校园文化活动,在潜移默化中陶冶大学生的情操。

1. 融入大学精神

大学精神是反映广大师生共同的理想目标、精神信念、文化传统、学术风范和行为准则的价值观念体系和群体意识。一所学校所持有的精神,是该校精神文化的主要内容和存在形式之一。

(1)积极凝练大学精神。要充分集中广大师生的聪明才智,对学校长期办学的光荣历史及所形成的办学思想与精神追求，学校为实现培养目标而实施的育人行为所体现出来的治学风格进行凝练总结，既要融汇民族精神，又要体现时代精神，在凝练总结的过程中促进大学生对大学精神的理解与认同。

(2)积极弘扬大学精神。大学精神的塑造与形成必须经过长期的培育过程，把大学精神转化为全校师生的共识，内化为信念与追求，从而使校园形成一股浓厚的自由、宽容、热爱知识、探求真理的风气与精神追求。广大教师要以身作则，率先垂范，为大学生弘扬大学精神树立典范，结合校园物质文化建设和制度文化建设，让大学精神更好地体现在校园文化中。

(3)发挥校训的育人功能。大学精神往往体现在校训、校徽和校旗等具体的载体中。要深入挖掘校训校风蕴含的传统文化内涵、时代精神和价值理念，引导大学生识记校训内容，理解校训内涵，践行校训要求。

2.融入校风

校风是指一所学校的师生员工共同具备的精神及行为作风，是师生员工的思想道德素质、精神风貌、治学态度等的综合反映和外在表现。从根本上说，校风是一所学校办学指导思想和培养目标的体现，是领导干部的作风、教师的教风、学生的学风等行为习惯的总和。

(1)加强领导干部作风建设。领导干部的作风对校风有整体性的影响。中国传统文化教育必须从顶层设计上加强领导干部作风建设，形成团结、民主、求实、高效的作风，在工作中认真踏实、求真务实。

(2)加强教师教风建设。教风是教师在教学精神、教学态度和教学方法等方面形成的长期的、稳定的教育教学风气，教师是教风形成的主导因素，教师的品行、人格、气质都会对学生有耳濡目染的影响。要加强教师的思想品德与为人处世的作风建设，形成爱岗敬业、忠于职守、为人师表的风气。

(3)加强学生学风建设。学风是校风的主体，是大学生的学习动机、学习态度、学习纪律、学习方法、学习精神的总和，是大学生理想信念、道德情操的综合表现。要培养大学生勤学刻苦、虚心好学、学用结合、言行一致、尊敬师长、团结同学、遵纪守法、活泼文明的学风。这既是学风建设的要求，也是对中国传统美德的践行。

3.融入校园文化活动

校园文化活动是校园精神文化建设的重要载体，是体现大学生精神文明建设的重要方面。加强大学生传统文化教育，要将传统文化教育融入校园文化活动。

(1)融入思想意识类活动。如举办大型的传统文化读书日,养成诵读传统经典名著的良好习惯。创新主题教育活动,形成校园文化品牌。如西南大学开展“国学季风”主题教育活动,内容包括“一讲,即邀请国内外知名国学学者来校开展传统文化知识名家讲座;一读,即举办与传统文化有关的经典名著阅读沙龙活动;一演,即邀请国内知名演出团体来校开展传统文化经典剧目展演,形成传统文化的立体呈现和多元传播;一赛,即在学生中开展传统文化知识竞赛活动;一秀,即秀美家乡传统文化寻访展示活动”①。做好校园典型选树和宣传工作,充分挖掘身边弘扬中华民族精神和中华传统美德的好人好事,形成示范效应。

(2)融入文体类活动。利用课余时间和节假日开展积极向上、丰富多彩的文体活动,更好地吸引学生,使学生受到强烈的感染和熏陶。利用音乐会、舞台剧或迎新晚会将传统文化融入艺术表演。充分利用高雅艺术进校园、全国大学生艺术展演、创建文化艺术传承学校等活动契机,不断提升活动的审美和人文品质。激发师生自主创作能力,打造一批体现传统文化的舞剧、话剧、诗歌、微电影、公益广告等,建立传统文化作品资源库,在大学生群体中进行展演、展映、展播。

(3)融入社会实践类活动。组织、引导学生有计划、有目的地深入实际,在实践中体验生活,感悟文化魅力。如组织学生到当地的博物馆进行参观学习,深入了解中华民族的不朽智慧;开展有传统文化特色的实践活动,引导大学生通过研习加深对中华传统文化的理解。

(三)建设制度文化规范

“制度文化作为校园文化的内在机制,包括学校的传统、仪式和规章制度,是维系学校正常秩序必不可少的保障机制,是校园文化建设的保障系统。”加强校园制度文化建设,将传统文化融入制度体系建设,就要完善学校相关制度规范,探索建立协调保障机制,确保各项制度规范落实,发挥制度的约束、整合和导向功能,加强大学生传统文化教育。

1. 完善学校相关制度

要以制度规范师德师风、大学生行为、学校礼仪等,从学校的法令、行政

---

① 黄蓉生,等. 坚守与超越:西南大学德育实践荟萃[M]. 北京:中国文史出版社,2015.

等层面为大学生传统文化教育提供制度保障，确保大学生传统文化教育科学有效。

(1)完善师德师风规范。完善师德师风等管理规定，把传统美德纳入教师教育管理体系，融入教师职前培养准人、职后培训管理的全过程。全面落实《关于建立健全高校师德建设长效机制的意见》，坚持制度规范与自省自查相结合，规范师德师风建设。

(2)完善大学生行为准则。把传统文化融入大学生行为准则，使传统美德成为大学生行为的基本遵循，引导大学生积极践行中国传统文化。

(3)规范学校仪式规程。规范大学生升国旗、入党、入团、人学等仪式规程，使大学生自觉遵循学校各种仪式的秩序形式，继承和弘扬传统文化中“讲礼重仪”的文化传统，在对仪式的敬畏中强化仪式的庄严感和教育意义。

2.建立制度保障机制

要从制度上对大学生的传统文化教育实践活动全过程予以全方位保障，确保大学生的传统文化教育实践活动按照要求和规范有效进行。

(1)制定专门制度。按照《完善中华优秀传统文化教育指导纲要》关于“加强大学生的传统文化教育的组织实施和条件保障”的要求，制定专门的大学生的传统文化教育制度，明确教育活动的内容、形式、要求等，规范大学生的传统文化教育实践活动。

(2)建立保障机制。通过制定专门制度，对大学生的传统文化教育实践活动的组织领导、教师队伍、资金经费、教室设备等给予制度保障，高校要结合实际，制订推进大学生的传统文化教育的具体方案，以制度保障责任到人、措施到生。

(3)完善激励措施。明确大学生的传统文化教育规范，建立对师生的激励、约束与惩戒措施，确保师生在传统文化教育实践活动中到场到位，制定优胜劣汰的激励机制，提升教育效果。

3.落实各项制度规范

制度有效发挥育人作用的关键在于制度的落地实施。在大学生的传统文化教育中，将传统文化教育融入学校制度文化规范，要促进各项制度规范落实，使其真正发挥作用。

(1)以领导指导落实。加强学校党委部门和行政部门对大学生传统文化教育的组织领导，切实履行指导、监督职责，确保各职能部门落实相关制度。

(2)以监管保落实。加强对大学生优秀传统文化教育的监督与管理,定期开展检查,及时发现问题,督促改进完善,根据实际情况不断调整、完善制度,使大学生传统文化教育制度符合实际情况,能有效指导实践。

(3)以奖励激励促落实。将大学生传统文化教育落实相关制度的实际情况纳入单位的绩效考核,对表现优秀的单位和个人进行奖励,形成示范效应,促进各部门更好地落实大学生的传统文化教育制度要求。

四、加强教师队伍建设

教师队伍是保证学生传统文化教育持续健康发展的不可或缺的重要力量,关系到大学生的传统文化教育能否科学有效实施,教育目标能否顺利实现。因此,就目前的情况来说,加强大学生传统文化教育的一项基础任务,就是以加强思想理论建设为根本,以配齐建强队伍为重点,以提升教育队伍素质为核心,以建强教师队伍为保障,努力建设一支信念坚定、数量充足、结构合理、能力突出、勇于担当的高素质的传统文化教育工作者队伍,具体可从以下几点进行。

(一)配齐教师队伍

打造一支专业的大学生中华传统文化教育队伍,配齐教育队伍人员,要从源头选拔好队伍成员,保证大学生中华传统文化教育队伍结构合理,加强组织建设。

1.坚持选拔队伍的基本原则

队伍选拔原则是在选拔队伍成员过程中必须遵循的基本准则,要按照有理想信念、有道德情操、有扎实学识、有仁爱之心的“四有”好教师标准选聘人员。有理想信念即是要坚定马克思主义信仰,坚定共产主义理想信念;有道德情操即是要与中华优秀传统美德要求相符合;有扎实学识即是要有深厚的中华传统文化底蕴;有仁爱之心即是要以生为本,促进学生成长成才。在大学生中华传统文化教育队伍的选拔过程中坚持“四有”好教师的标准。

(1)坚持以德为先。其身正,不令而行;其身不正,虽令不行。只有当队伍成员具有了较高的思想道德素质,才能更好地教育引导大学生。组织品德考察,对队伍成员是否具有敬业精神、社会责任感,是否言行一致、以身作则,是否关爱学生、助人为乐进行考察,优中选优,保障队伍的纯洁性。

(2)坚持具有较高政治素养。队伍成员要能够坚持党的领导,坚持正确的政治方向，坚定马克思主义理想信念，坚定走中国特色社会主义道路的信心，使中华传统文化教育不偏离正确方向。

(3)坚持具有较强的业务素质。有德无才的教育者无法胜任大学生中华传统文化教育的职责。教育队伍成员不仅要具备系统的马克思主义理论、思想政治教育专业知识，还应具备深厚的中华传统文化知识，能够为大学生学习中华传统文化提供专业指导。

2. 组成队伍成员的合理结构

队伍成员的合理结构是指队伍成员“在知识结构、专业结构、年龄结构、智能和气质结构等方面进行合理搭配，实现年龄梯次配备、任职经历复合、专业特长互补”①。因此，大学生中华传统文化教育队伍成员既要有理论讲授者，也要有技能教授者；既要有教育者，也要有管理者；既要有校内人才，也要有校外专家。

(1)要有专门的教育者。统筹思想政治教育、文学、历史等专业的一线教师、科研人员、专家学者等，充分发挥他们在教书育人、理论研究等方面的优势，保证教育的专业性。

(2)要有一定数量的管理者和服务者。统筹高校党政干部和共青团干部、辅导员和班主任、心理健康教育者，发挥他们在管理育人、服务育人等方面的优势，做学生健康成长的指导者和领路人。

(3)借助一定的校外力量。邀请那些在中华传统文化研究方面有一定修为，在践行中华传统文化方面有突出表现的社会人士，如道德模范、先进人物，发挥他们在树立榜样、传承技艺等方面的优势，形成大学生中华传统文化教育育人合力。

3. 促进队伍之间的通力协作

大学生中华传统文化教育实施复杂、工作量大，教育队伍由多方成员组成，各方能否相互协调、通力合作，直接影响教育队伍功能的发挥和大学生中华传统文化教育的实效性。因此，要统筹各方力量，促进队伍之间的团结协作。

(1)要明确专职成员和兼职成员，促进各方协调工作。思想政治教育、文学、历史等专业的一线教师、科研人员是大学生中华传统文化教育的专职

---

① 郑永廷. 思想政治教育学原理[M]. 北京：高等教育出版社，2016.

成员,大学生思想政治教育管理者和服务者以及一定数量的校外人士是兼职成员,要明确各自职责,有的放矢地开展教育。

(2)要促进各方的交流学习。通过座谈会、沙龙、论坛等形式搭建平台,促进各方经验交流、相互借鉴,共同提升大学生中华传统文化教育效果。

(3)加强统筹协调,形成合力。学校、教育行政部门要加强监督,做好统筹规划,要将这些力量有效整合,促使各方发挥自身优势,协调各方力量,促进全员育人、全程育人、全方位育人、全环境育人。

(二)提升队伍素质

素质是指完成某项工作所应具备的能力、资质、才干等,既包括所应具备的道德品质、知识文化等思想理论部分,也包括身体能力、行为操作等实践部分。切实提升大学生中华传统文化教育队伍素质,能够为提升大学生中华传统文化教育质量提供坚实的保障。因此,要从思想道德素质、科学理论素养、业务实践能力等方面,提升大学生中华传统文化教育队伍素质。

1.提升思想道德素质

思想道德素质是指教育者所应具备的政治素养、道德修养和心理素质。提升思想道德素质是加强队伍建设的首要任务,因此要着力提升大学生中华传统文化教育队伍的思想道德素质。

(1)提升正确的政治素养。教育者的政治素养直接影响教育的方向和路线。大学生中华传统文化教育者必须要有正确的政治立场、坚定的理想信念,要有马克思主义信仰,坚持中国共产党的领导,坚持中国特色社会主义道路。

(2)提升高尚的道德修养。教育者要有强烈的敬业精神,对教育对象富有爱心,以身作则当好表率,尤其应当成为中华民族精神和中华传统美德的积极倡导者和践行者,遵守社会公德、职业道德、家庭美德,提升个人品德。

(3)提升健康心理素质。大学生中华传统文化教育者必须要有健康的心理和健全的人格。教育者要有积极向上的心态,要能传递正能量,以自身力量教育人、引导人和鼓舞人,有效开展大学生中华传统文化教育。

2.提升科学理论素质

大学生中华传统文化教育队伍应具备科学理论素质,包括系统的马克思主义基本理论、扎实的中华传统文化学识和较高的相关学科知识。(1)积累马克思主义基本理论知识。马克思主义是大学生思想政治教育的理论基础，大学生中华传统文化教育是大学生思想政治教育的重要内容，教育者必须要有系统的马克思主义基础理论知识，才能更好地对大学生进行思想政治教育，才能确保大学生中华传统文化教育目标的实现。

(2)积累中华传统文化理论知识。教育者要掌握扎实的中华传统文化基本知识，具备中华传统文化专业才能，对中华传统文化的发生发展有清晰的认识，不断丰富专业知识。

(3)积累思想政治教育学专业知识和相关学科知识。大学生思想政治教育是一门多学科交叉的应用性学科，教育者必须掌握广博的相关学科知识，如教育学、心理学、社会学等，才能更好地组织开展大学生中华传统文化教育。

3.提升业务实践能力

大学生中华传统文化教育队伍应具备的业务实践能力是指教育者应具备较高的教育教学技能、组织操作技能和传统文化艺术技能等。大学生中华传统文化教育是对大学生进行中华传统文化教育和思想政治教育的实践活动，因此教育者必须具备一定的实践能力，提升实践能力素质。

(1)提升教育教学技能。基本的教育教学技能是包括大学生中华传统文化教育者在内的任何教育者应该具备的基本技能，也是保证大学生中华传统文化教育顺利进行的前提条件。教育者应不断提升自己的科学思维能力、语言表达能力、讲授的能力、倾听和提问的能力。同时，网络已成为大学生日常生活的重要领域，教育者还必须具备熟练运用网络的能力。

(2)提升组织操作、活动策划技能。大学生中华传统文化教育者要能够在收集、整理各种信息的基础上，制订计划、实施计划，充分调动各方力量，促进大学生中华传统文化教育的顺利开展。这就要求教育者必须具备组织操作、活动策划的能力，做到熟练自如地组织各种活动，有效运用各种方法，引导大学生践行中华传统文化。

(3)提升传统文化艺术技能。传统文化艺术技能是指中华传统文化所包含的艺术技艺，如绘画、戏曲、雕刻等。大学生中华传统文化教育者若具备一定的传统文化艺术技能，就能很好地发挥示范作用。因此，教育者要加强技能的学习，吸引大学生关注中华传统文化，取得更好的教育效果。

(三)建强教师队伍

大学生中华传统文化教育的有效实施不仅需要完备的教育队伍成员，更需要能力强、业务精的优秀教育者。大学生中华传统文化教育队伍的建设更应从“建强”方面着力。要建强教育队伍，就要做好各种类型的培训，抓好各种岗位的锻炼，提供各种政策保障。

1. 做好各种类型培训

要建强大学生中华传统文化教育队伍，就需要做好各种类型的培训，完善队伍的各项保障措施，促进队伍发展壮大。

(1)拓宽培训类型。培训类型包括岗前培训和在岗培训、内部培训和外部培训、长期培训和短期培训、个人培训和集体培训等。学校要完善各种类型培训，使每一位中华传统文化教育者都有机会接受培训，不断提高自身素质。

(2)建立科学培训内容。既要有思想道德培训，又要做好科学文化培训，还要加强实践技能培训。学习借鉴全国高校思想政治理论课教师社会实践研修基地、教育部辅导员培训和研修基地等的培训内容，加强马克思主义基本理论、中华传统文化知识、中华传统技艺的学习培训。

(3)采取多样培训方法。运用讲授法、讨论法、案例研讨法、角色扮演法、互动小组法、网络培训法、场景还原法、个别指导法等有效方法，不断增强培训的实效性，建强教育队伍。

2. 抓好各种岗位锻炼

建强大学生中华传统文化教育队伍，要抓好各种岗位的锻炼。充分利用党群部门、行政部门、教学单位的不同岗位不同职能的要求和锻炼机会，提升教育队伍成员的综合能力。

(1)抓好基层岗位锻炼。教育队伍成员要在院、系等教学部门的一线学生工作岗位具备一定工作年限，充分利用基层工作机会，与学生密切交流，充分了解学生个性、思想特点、成长规律，为增强教育的针对性与实效性奠定基础。

(2)抓好中层管理岗位锻炼。对于满足基层工作年限的教育者，结合工作实际，选拔优秀者进入学校党群部门、行政部门如组织部、学生处等部门的中层管理岗位，使之积累的丰富经验和有效方法能够得到推广，同时培养教育者的全局意识和统筹协调能力，不断提升教育者的综合素质。

(3)抓好多种岗位合理流动。结合学校实际，制订明确的岗位流动要求，建立轮岗制度，促进教育者摆脱职业困倦和思维定式，引导教育者正确认识岗位锻炼的目的，即在多个岗位合理流动，学习多种技能，积累经验，为成为优秀大学生中华传统文化教育者而努力。

3.提供各种政策保障

(1)合理制定政策。要制定如队伍成员的选拔、发展晋升、待遇福利等政策,为大学生中华传统文化教育的组织建设、思想建设、能力建设提供政策保障。政策制定要符合实际,能有效指导教育实践,要广泛听取意见,教育者和受教育者都要参与政策的制定,积极吸收各方建议。

(2)严格实施政策。政策要真正发挥保障作用,就需要对教育队伍成员发展的每一环节、每一细节都做出明确的规定,要有严格的标准。要严格实施政策,公平公正,形成对所有人的约束力和引导力,确保教育队伍成员发展有章可循,不断提升教育队伍的整体水平。

第三节 中华优秀传统文化融入大学生思想政治教育的条件保障

中华传统文化融入大学生思想政治教育需要多方面共同合作才能完成。要使传统文化在大学生思想政治教育中持续发挥作用、有效达到潜移默化的教育效果,需要必要的条件保障。

一、健全领导机构,完善组织保障

教育部明确要求:"教育主管部门要把这项工作作为重要的政治任务,放到十分重要的位置,以高度的使命感、责任感和紧迫感,切实把这项工作抓紧抓实抓好;要对思想政治理论课的教学、教材编写和师资培训给予有力的指导和支持。各高校及其主管部门要高度重视思想政治理论课的建设,认真解决存在的问题"。各高等学校党委要切实重视和加强对思想政治理论课的领导,要由党政主管领导牵头,有关职能部门参加,认真组织本校的这项工作。

政策确定以后,干部就是决定因素。抓领导就是要抓好高校各级领导干部的思想政治工作,对他们的实际工作进行指导和监督。各高校党委要定期或不定期召开职能部门领导和系部主任、总支书记专题会议,研究部署传统文化融入大学生思想政治教育的任务,解决"融入"时遇到的实际问题;各高校党委和行政主要领导要负责指导与监督,主管学生思想教育工作的副书记和主管教学工作的副校(院)长要进行统筹安排和总体协调,宣传部负责具体策划，思想政治理论课教学单位负责承担教学任务，教务处负责教学计划调整和课程安排，学工部、学生处、团委积极协作与配合，各个系部主任等组织、检查教学中的问题，随时提出有益的建议。

落实《普通高等学校思想政治理论课课程设置的规定及其实施工作的意见》，通过抓住各级领导落实工作，形成上下一致、共同努力，不断深化和推进传统文化融入大学生思想政治教育的新局面。领导带头宣讲，增强示范效应。在当前的高校管理体制下，主要领导的带头示范作用是巨大的，他们的职务、身份和学术地位都会在师生中产生积极的影响。在传统文化融入大学生思想政治教育的初始阶段，著名大学的主要党政领导都应给予积极支持，并且亲自深入师生，参加备课和授课。

二、增加经费投入，改善软硬条件

必要的经费投入是传统文化融入大学生思想政治教育的物质保证。各高校要切实增加对加强传统文化建设所需人力、物力和财力的投入，投入幅度要随教育事业的发展和教育经费的增长而逐年增加。经费投入是加强思想政治教育的必需，也是传统文化融入大学生思想政治教育的必要条件之一。传统文化融入大学生思想政治教育虽然不像理工科专业教育那样需要购置大批仪器设备，但是思想政治理论教育需要跟上时代步伐，教师要培训，资料要更新，方法要改革，实践要加强。所有这些活动和措施都需要资金作为保证。更重要的是，传统文化融入大学生思想政治教育是一种长期行为，将终生发挥作用，尽管传统文化融入大学生思想政治教育可能对高校当前没有太大效益，但对国家、民族来说，是收益最大的一项教育投资，是具有最优投资效益的一项教育投资。传统文化融入大学生思想政治教育是国家行为，是国家意志的表现，无论是从政治角度，还是从经济角度，都更应该受到教育者的高度重视，以实际行动增加投入。

传统文化是中华数千年的历史积淀，是中华民族最宝贵的精神财富和精神供养。它蕴含着丰富的思想政治教育资源，对培养有理想、有本领、有担当的时代新人发挥着不可替代的作用。在全球化的背景下，它有利于增强大学生的社会责任感和爱国主义精神，促进大学生养成良好的思想政治品德、塑造理想人格。当前，我国正处于深化改革的攻坚阶段，文化发展呈现多元化的趋势，在这种背景下，大学生思想政治教育需要全社会的共同努力，积极利用一切有利因素，形成教育合力，为中华民族的伟大复兴储备接班人。传统文化是中华民族的根与魂，具有重要的思想政治教育功能，因此，将其通过课堂、实践活动、民俗文化节日、家风、校园文化、网络等途径融入大学生思想政治教育，将有利于提高教育实效。

三、健全评价督导，提升教育效果

对传统文化融入大学生思想政治教育的评价和督导是提升教育效果的有效途径。要对传统文化融入大学生思想政治的教育教学工作进行监督、检查、评价和指导，加强对融入实施状况的评价督导，确保传统文化融入大学生思想政治教育有序、有效。因而，要组建合理的评价督导队伍，建设有效的评价督导队伍结构和设计科学的评价督导内容。

(一)组建合理的评价督导队伍

合理的评价督导队伍是确保传统文化融入大学生思想政治教育评价督导顺利进行的前提条件，要从成员选拔原则、成员组成结构、队伍行事要求予以规定。

(1)坚持合理的成员选拔原则。对于评价督导队伍成员的选拔，要坚持德才兼备、以德为先的原则，成员既要有一定的知识技能，更要有良好的思想道德修养，做到持公守正；要坚持科学协调的原则，做到年龄、职位、学科背景等分布均衡，保证评价督导的高效进行。

(2)确定合理的成员组成结构。组建校、院两级，以现任领导、专家、一线教师为主体，辅之以部分退休专家等高校教学督导队伍，提高评价督导工作的质量和效率。

(3)明确合理的队伍行事要求。要确保建立健全相对独立的评价督导队伍，独立行使评价督导职能，确保评价督导队伍的相对独立性和相对稳定性，从而使评价督导工作具有“连贯性、继承性和发展性”。

(二)建设有效的评价督导体系

传统文化融入大学生思想政治教育的评价督导要有顶层设计，要对系、学院、学校不同层级的教育情况进行有效的评价督导。这就需要建立学院层级、学校层级、局厅部层级的评价督导体系。

(1)在学院层级，组建院级的督导小组，由分管教学领导和专业教师组成，对思想政治理论课、大学生中华传统文化教育专业课、公共选修课等教学质量进行监督检查。

(2)在学校层级，组建校级督导小组，对承担大学生中华传统文化教育不同职能的马克思主义学院等人文社会科学院系的教育情况进行评价督导,评定等级,纳入绩效评价,促进二级单位不断提高其实效性。

(3)在局厅部层级,教育局、教育厅、教育部等应组建相应督导小组,对下级部门工作进行督导,形成逐级监管,推动评价督导落到实处。

(三)设计科学的评价督导内容

评价督导内容是影响传统文化融入大学生思想政治教育评价督导科学性的主要因素。建立什么样的评价督导指标,是大学生的传统文化教育实践活动的风向标,因此应科学设计评价督导内容。

(1)设计针对教育者的评价督导内容。针对教育者的教育理念、教学方法、教学内容、教学实施过程等要素,应对照规范要求逐一检查,明确教育者对大学生开展传统文化教育是否真正科学有效,为教育者改进和完善教育实践提供参考。

(2)设计针对大学生的评价督导内容。将大学生的传统文化素养和思想道德修养纳入综合素质评价框架,使传统文化所倡导的传统美德、优良品质、崇高理想转化为大学生孜孜不倦的精神追求,外化为实实在在的自觉行动。

(3)设计针对教学效果的评价督导内容。教学效果直接体现在大学生的文化修养与思想政治道德修养状况,要结合大学生思想文化修养变化,对传统文化融入大学生思想政治教育效果进行常态化、专门化的评价督导,提升教育效果。

第五章　中华优秀传统文化在大学生思想政治教育工作中的应用与实践

准确把握中华传统文化的内涵，继承、创新中华优秀传统文化现代价值，践行社会主义核心价值观，对大学生思想政治工作具有积极作用和现实意义。

第一节　中华优秀传统文化在学生宿舍文化建设中的应用与实践

学生时代是人的一生中最富活力的时期，是世界观、人生观、价值观形成的关键阶段。大学是学生走向独立人生的前奏，四年的大学生活更是塑造人格的重要阶段。在大学里，宿舍是每一位学生休息、娱乐、社交、课余学习的重要场所。

能否建立良好的宿舍文化，关系到学生能否愉快地度过大学生活，能否形成健康的人格。如何营造好的宿舍文化氛围、建立文明和谐宿舍是全体师生共同关注的问题，也是大学生思想政治工作的一项重要内容。

一、大学生宿舍文化建设的作用

“宿舍文化”是指学生在以宿舍为主要空间共同学习生活、相互作用的过程中形成的氛围和环境，包括宿舍的布置、宿舍管理条例、宿舍成员的生活方式、休闲活动、整体的精神风貌，以及由此表现出来的各种思想观念、行为方式、文明礼仪等，充满文明、和谐、智慧、道德、艺术的文化氛围。宿舍文化是校园文化的折射、家庭文化的变异、社会文化的浓缩，所以构建良好的宿舍文化，对大学生的成长成才来说意义深远。

积极健康向上的宿舍文化对大学生成长具有重要的作用。第一，有利于大学生学习科学文化知识。宿舍不但是学生生活的场所，也是学生学习交流的场所。大学的课程不像高中安排得那么紧，学生自己可支配的时间较充裕，于是有的人不由自主地松懈下来。这时一些积极健康向上的宿舍文化活动可以使学生在完成规定课程学习后，把课余生活安排得充实，使课余生活变得有意义，从而形成一种积极的学习氛围。这种氛围对于一些缺乏自制力的学生有一定督促和引领作用。第二，有利于大学生形成健康人格，提高素养，陶冶情操，养成正确的道德观念。宿舍文化的育人效能使学生自觉辨别真伪和是非，由“他律”上升为“自律”。学生在休闲状态时，其身心容易融入周围环境，在环境的同化作用下，促使他们形成良好的个性心理品质和正确的人生观、价值观。第三，有利于培养学生集体观念和协作精神。良好的文明风气与和谐的宿舍氛围是靠全体成员共同营造和维护的。活动中会产生一种无形的约束力，使学生自觉地养成良好的行为习惯和自我修养，产生了集体观念和协作精神。

二、大学生宿舍文化建设的原则

1. 和谐

和谐是中华优秀传统文化的基本精神。人际和谐是中华传统和谐文化关注的重点内容。儒家强调“仁者爱人”“己欲立而立人，己欲达而达人”“天时不如地利，地利不如人和”，主张“推己及人”，共同建立一个宽和相处、和谐共存的人际环境。大学生来自不同的地域环境、家庭环境以及学习环境，在语言、生活习惯及思维方式等方面都可能存在一定的差异，所以同学之间难免会产生摩擦，较好的宿舍文化会使他们懂得同学之间要求同存异、互相理解、互相帮助，顺利度过“摩擦期”，最后达到和谐。

2. 团结

舍友朝夕相处，不是兄弟姐妹胜似兄弟姐妹。在最渴望、最需要友情的年龄，他们为了共同的成才梦走到了一起，分享了成长中的痛苦和快乐，见证了人生的美好时光。

3. 友爱

进入同一所大学，进入同一个学院，进入同一个专业，进入同一个班级，进入同一个宿舍，大家便是一家人，需要彼此爱护。对于生活在同一屋檐下的兄弟姐妹应该以礼相待。刚入校的大学生，生活中的点点滴滴没有了父母的悉心照料，事事需要自己打理，舍友间的相互帮助和支持会给他们带来极大的安慰。

4.文明

受部分环境的影响，大学生宿舍文化中出现了灰色的潜流，在一定程度上污染了宿舍的精神环境，也影响着学生良好的精神风貌和健康成长，如宿舍语言的粗鲁化、宿舍装饰的庸俗化等。组织积极健康向上的宿舍文化活动，如星级寝室评比、风采寝室评比等，建设文明、高雅、有品位的大学生宿舍。

5.健康

建设美好"家园"需要学生们从自身做起，一个宿舍环境的产生、发展、传播、变迁乃至最后的消失始终与大学生的生活紧密相连。优美的宿舍环境要靠大家用双手去装扮和维护，团结友爱的宿舍人际关系靠大家用心付出和培育，积极健康向上的宿舍文化靠大家营造和发展。宿舍文化应坚持健康向上的思想性原则，促进健康活动的有效开展。

6.约束

大学生宿舍也是大家休息、娱乐的主要场所，因此可以有组织地开展娱乐性活动。这对活跃宿舍文化，形成健康文明的宿舍风气，陶冶个人情操都具有十分重要的作用。在大学阶段，学生的世界观、人生观和心理等都处于一种半成熟的状态，加之宿舍生活的自由性，使得有些学生在宿舍往往做出一些与自己身份不相符的不文明行为。因此，在宿舍文化建设中一定要坚持约束性原则，要时刻注重自身的修养，注意自己的行为，做到"吾日三省其身"，要知道"己所不欲，勿施于人"。

三、创建文化引领公寓思政教育的良性教育模式

大学生是宿舍文化建设的主体。积极健康的大学生宿舍文化是为大学生成长成才服务的，是大学生自己的文化。它的发展始终与大学生活紧密相连，没有大学生宿舍生活也就没有大学生宿舍文化。一个宿舍整洁优雅，人的心情就会愉悦；一个宿舍关系融洽，每个人都会有一种归属感；一个宿舍文明和谐，一种家的温馨感觉油然而生。

中华传统文化是中华上下五千年文明的历史积淀，内涵丰富，博大精

深。如果文化传播还搞老一套，缺乏针对性，很容易出现工作浮于表面、时效性较低、影响力较小的问题。将优秀传统文化引入高校公寓思政教育工作，并不是直线型的生搬硬套，要注重“因事而化”，促进优秀传统文化的创造性转化，创建以传播优秀传统文化为有效手段的良性教育模式，让优秀传统文化活起来、传下去的同时，推动传统文化和高校公寓思政教育融合共生。

(一)推动课堂思政进公寓

将大学生的思想政治教育从课堂延伸到公寓，注重政治性和文化性的融合，将思政理论课的主渠道作用充分渗透，发挥其显性作用，增强大学生对传统文化的认同感，提升文化自信。开展文明课堂建设，在公寓教学活动中，将传统文化融入理论学习，突出文化学习在思想政治理论学习中的位置，提升文化品位和文化内涵，发挥公寓作为生活课堂育人主要阵地的作用，将思想政治教育贯穿教育教学全过程，提升全过程育人、全方位育人的实效性。

(二)发挥传统文化隐性教育功能

积极开展文明寝室、文明校园建设，在潜移默化中发挥传统文化在思想政治教育工作中的隐性教育功能。开展形式多样、健康向上、格调高雅的公寓文化活动，营造全民学习传统文化的校园文化氛围，从而推动高校思政教育工作的开展。

1.寓教于乐，开展丰富的公寓活动

通过开展丰富的公寓文化活动，将传统文化以学生喜闻乐见的形式在公寓内进行传播，开展传统节日主题活动，定时定点举办主题活动，营造公寓节日氛围，增强学生的认同感；以公寓文化节为契机，开展地方传统文化主题活动。例如，联合浙江省高校公寓组织开展传统文化主题的话剧比赛，以浙江省历史文化名人故事为话本开展具有地域特色的文化活动，让组织者、参与者和欣赏者三个层面的学生群体在潜移默化中学习、传承传统文化，增强学生的民族自豪感、责任感和使命感，树立文化自觉，增强文化自信。

2.寓教于物，浓郁校园文化氛围

开展传统文化月，组织文化馆、博物馆、非遗馆等进校组织展览，以传统

文化中文化遗产为特定点出发进行文化传播和文化教育，让学生在学习传统文化的过程中增强文化自信；制作校园传统文化主题的文化产品，比如浙江省高校以儒家文化要义为创作元素，以高校竞赛、网上征集等活动形式，开发制作各校传统文化主题文化产品，营造浙江省高校文化建设中融合共生的文化氛围，为建设文化浙江做出努力。同时，学校可设立相关科研鼓励政策，将传统文化学习与高校科研活动相结合。鼓励高校师生立足于优秀传统文化的肥沃土壤，广泛开展形式多样的科研活动和各类社会实践，形成教育成果。

3. 寓教于人，榜样引领文化潮流

开展公寓内传统文化榜样教育，挖掘校园传统文化优秀师生学习者和践行者，发挥文化引领和榜样引领的力量；在公寓内组织传统文化讲座，让学校内、社会上的优秀文化工作者走进公寓，走上讲台，同时拓宽网络和多媒体传播渠道，对文化特色讲座进行实时网络直播，促进信息共享，扩大影响范围。

总之，将优秀传统文化引人思政教育工作是高校立德树人的基础性工作，是高等教育坚持党的领导，把握高校思想政治工作主导权的关键性工作，是提升公民文化自信的必要性工作。习近平总书记指出，人民有信仰，国家才有力量，民族才有希望。高校公寓思想政治工作要坚持优秀传统文化的文化引领方向，充分发挥其显性作用及隐性作用，通过各种形式，创造多种渠道，将传统文化引入高校公寓思政工作，营造校园文化氛围，促进文化育人。在推动传统文化和高校思想政治教育融合共生的过程中，关注学生，遵循学生发展规律，逐步提升学生综合素质，增强学生文化认同感，促进学生在思想和行动上树立文化自觉、践行文化自信。

第二节中华优秀传统文化在教学活动中的应用与实践

五千年中华文明孕育了辉煌灿烂、生机勃勃的中华传统文化。它是中华民族文明进步的精神财富，也是我国现代化进程的源头活水。对传统文化的传承和创新，是关乎今天民族振兴的大事业。当代大学生作为社会青年群体中的佼佼者，是传统民族文化的传承者和开拓者，担负着民族复兴与发展的重任。因此，中华优秀传统文化教学是高等教育的重要组成部分，而且传统文化教学在弘扬中华文化、传承民族精神、帮助大学生构建心灵世界、提升大学生综合素质方面，具有其他学科不可比拟的优势和作用，是做好大学生思想政治工作的重要因素。

传统文化教育就是将人类优秀的文化成果通过知识传授、环境熏陶、潜移默化，使之内化为人的品格、修养、气质。诚如美学家朱光潜先生所言："美感经验的直接目的虽不在陶冶性情，而却有陶冶性情的功效。心里印着美的形象，常受美的意象浸润，自然也可以少存些浊念"①。高等教育不是单纯的职业教育、专业教育，而是更高层次的素质教育和创新教育，着眼于人的全面发展。大学的人文特性决定了大学生必须接受人文教育。接受人文教育是一个漫长而复杂的过程，要切实提高大学生学习的效果，不仅需要调动他们的注意力、观察力、记忆力、思维力和想象力等智力因素，也需要调动他们的兴趣、情感、意志和性格等非智力因素。智力因素完成的是表层的学习，非智力因素更多地参与深层次的探究性学习，对大学生身心的全面发展，特别是实践能力和创新能力的培养起着重要的作用。因此，高校在进行传统文化教育教学过程中，必须遵循人文素质教育的规律，注意"以学生为本"，将学生视为复杂、多面的社会人，发现、尊重和培养学生的个性，将学生的学习活动、丰富的人生背景和多元化的个性发展要求等内容整合于教学过程，鼓励有创见的观点，让学生的情感、道德、智慧、修养共同参与整个教学环节，激发学生的内在学习动机、兴趣和热情。

一、中华优秀传统文化教育在教学中的有效应用

中国古代文化圣贤孔子十分重视学习和教育的有效性，对于教育和学习的作用有过精辟的理论阐述。孔子所谓的学问包括三个层面，学习传统、学思并重、学行并重，而且这三个层面具有渐进性的特点，属于学习效果的不同阶段。按照孔子的说法，对大学生进行传统文化教育，传授传统文化知识仅仅是基础层面的目的，教学的重要目标是使大学生最终获得学思并重、学行并重的学习效果。大学生通过对传统文化知识的学习，了解中华优秀传统文化的精髓，通过古今对照，对历史、对自身存在和未来人生产生思考的动力和能力；通过思考历史、人生，进而产生动力，改变自己的行为方式，

---

① 朱光潜.朱光潜谈修养[M].西安:陕西师范大学出版总社,2019:69.

明确自身的发展方向,正确面对现实,合理规划人生。这也是传统文化教育有效性的主要内容。传统文化教育教学的有效性主要体现在以下三个方面。

(一)课堂教学的改变

这种改变表现在课堂教学目的的调整、教学过程的设计安排。高校传统文化教育属于素质教育的组成部分。传统文化教育的规律和特点决定了课堂教学应该充分注重知识传授、情感体验和启迪心智三方面的有机结合。在进行传统文化知识教学的同时,将情感体验和启迪心智作为教学的重点加以突出。目前传统文化教育面临很多困境,其主要原因在于教师对传统文化教育的特点认知不够,从而导致教学方法与教育机制不完善、不到位,进而影响教学活动的有效性。

在课堂教学活动开展过程中,首先,教师要转变传统观念,不再把知识传授作为高校传统文化教育教学重点,而是把过程、方法视为教学活动的重要目标,精心组织教学环节。其次,教师在进行传统文化教育教学过程中要遵循素质教育的规律,充分发挥课堂教学的主导作用,调动学生非智力因素积极参与教学活动。教师要尽量让学生通过自己的阅读、观察、体验、想象、思考、质疑和创新等丰富多彩的学习过程来获取知识,将结论的获得与自主的学习过程结合起来;同时关注学生的情感体验,通过对经典文本的导读和鉴赏,使课堂教学过程成为学生审美体验和产生情感共鸣的场所,情理交织,让学生通过课堂的学习获得丰富的情感体验和高尚的道德熏陶,从而使内心世界变得更为充盈、丰富、健康,真正使知识的获得与能力的提高和谐发展。这种对人的情感和道德的普遍关注才是传统文化教育教学有效性的本质体现。《论语》云:“学而时习之,不亦说乎?”学了做人处事的道理,并在适当的时候印证练习,不也觉得高兴吗?“学而时习之”意思是用心学习,并不断加以体验、实践,以提高自身的能力,让自己在学习中不断成长、进步才是有意义的学习过程。传统文化教学更应取得这样的教学效果。这种对人的情感和道德的普遍关注是传统的知识本位的课题教学所难以想象的。它把以人为本、关注学生的全面发展的思想落到实处,而且学习的有效性能进一步调动学习的自觉性和积极性。

只有课堂活起来了,学生才会主动参与教学活动,自主深入地学习研究传统文化的精髓。

(二)学生的改变

教学的有效性最终要落到学生的学习上。有效的教学体现在学生身上,就是通过教学使学生有所改变,获得发展。

(1)学习态度的改变。有效的教学可以让学生变得爱学习。生动、有趣的课堂学习,真实的情感体验,深层次的理性思考,能让学生发自内心地对中华优秀传统文化产生浓厚的兴趣,将课堂学习转化成互动的、学生积极展现自我的成长舞台,让学习了解传统文化知识成为学生的内在需求,成为一种强大的力量而持续;同时主动的学习和了解能使学生的内心世界更为充实、丰富、健康,并且学生在学习中不断获得成长的喜悦和发展的动力。这样的学习更有可能发展成为探索型的深层学习、终身学习。

(2)行为的改变。孔子在评价自己最好学的学生颜渊时说他"不迁怒,不贰过",正是说明有效的学习能改变人的具体行动。传统文化在弘扬人文精神,加强人文教育上有着其他学科不可替代的优势。阅读传统文化经典是进行人文素质教育行之有效的途径之一。传统文化经典都是经过历史积淀、实践检验,在人类社会长期发展中产生过重大影响的优秀作品,蕴含着深厚的人文情感和道德底蕴,是很好的人文教育、道德实践的读本。人文素质的培养在于实现人性的自觉,注重人的心灵感悟、性情陶冶,着眼于情感的潜移默化。传统文化教育类课程就是要从激发大学生的非智力因素入手,通过含英咀华经典阅读,引导大学生充分领略传统文化的魅力,感悟传统文化所蕴含的人生情感和哲理思考,唤起大学生对传统文化的学习兴趣和对人生的理性思考,开阔眼界,启迪心智,立身处世。教育的目标是要大学生学习做人做事的道理,获得发展的动力,努力改变自我、完善自我,提高综合素质。

(三)教师的改变

教学的有效性同样能促进教师的改变。教师的改变体现在教学观念的转变和教师角色的改变。

素质教育的目标决定了从事传统文化教育教学的教师必须转变原有教学观念,将教学的重心由讲授传统文化知识向能力的培养和素质的提高方面转变。这就要求教师在课堂上要将传统文化知识作现代意义的解读,挖掘传统文化的现代意义,使得传统文化教育向现实生活回归,为学生提供民主性的、开放性的、科学性的学习研究传统文化的角度与思路。

教师的角色改变了。教师不再是单纯的传道授业解惑者,更是教学活动的研究者。教师必须积极开展教学研究。教师在人文素质教育课堂上要充分发挥主动性、创造性，认识到人文素质教育工作的真正对象不是知识，而是学生，因此要在教学过程中时时关注学生的学习兴趣和认知水平，在教学内容设置、课堂组织安排、课下学习交流等各个环节，注意激发学生学习的主动性，引导学生进行深度思考和交流讨论，唤起学生深层学习的意识，带动学生积极参与教学活动。可见，教师正确的价值引导是保证教学有效性的关键。这无疑对教师提出了更高的要求：扎实的专业基础、多学科的知识积累、灵活的驾驭能力、丰富的教学经验、高超的教学策略，以及教学热情。传承传统文化的教师都应该努力做到：自觉地把中华优秀传统文化作为自己的精神家园，作为教育的根基和创造之源，将中华传统文化的精髓传播到学生的心里，落实到学生的行动。

二、中华优秀传统文化教育在教学中的具体实践

(一)激发学生学习传统文化的兴趣

俄国文学家托尔斯泰曾说过："成功的教学所需的不是强制，而是激发学生的学习兴趣"①。激发学习兴趣，调动学生学习的积极性和主动性，是任何教学中不可缺少的重要环节。在传统文化教学中更应该注意激发学生的学习兴趣。

(1)培养学生学习传统文化的兴趣是基点。教师需要通过各种方式提高学生对传统文化知识学习的必要性与重要性的认识，使学生意识到传统文化在认识社会、解读人生、实现人生价值过程中的重要参与作用，以培养兴趣为前提，诱发学生学习传统文化知识的主动性；同时，教学内容的精心设计和安排，是激发学生学习兴趣的重要因素。美国心理学家布鲁纳指出"学习最好的动力是对学习材料的兴趣"。现行的高校传统文化教育教材从内容框架、编写体例、多媒体和网络课件的编制和应用等各个方面，注重激发学生的参与兴趣，图文并茂，富有特色，但使其发挥应有的作用还有赖于教师在课堂上对教材的合理安排。

(2)培养学习的直接兴趣是根本。直接兴趣是学习活动的最直接、最活跃的动力。要重视传统文化教育教学方式的拓展，多渠道给学生提供传统

---

① 托尔斯泰.托尔斯泰自述[M].黄忠晶，编译.天津：天津人民出版社，2018：37.

文化知识学习和实践的机会，真正激发学生的学习兴趣。设置有价值的教学情境是传统文化教育教学的重要手段之一。“情境之于知识，犹如汤之于盐；盐需要溶入汤中才能被吸收，知识也需要融入情境之中，才能显示出活力和美感，才容易被学生理解、消化、吸收。这就是情境的价值。”①设置情境教学可以有不同的依托点，教师可以根据具体的教学内容，借助语言、动作、图文、背景、问题等创设有效的教学情境来吸引学生，激发学生的学习热情，促进学生进行有意义的学习。

（二）链接“真”的生活体验

传统文化教育要努力创造一种本真的教育。传统文化是一个很宽泛的概念，然而对传统文化的解读必须生动而贴近人心。“真”是文学艺术的生命，也是我们解读传统文化的着眼点。中华优秀传统文化孕育着丰富的人生经验和情感体验，对大学生进行传统文化教育就一定要将对传统文化理论知识的传授与真实的情感体验、现实的社会生活结合起来，不仅要让学生掌握传统文化的理论知识，更要注意对传统文化进行人文关怀和现代意义上的诠释，让知识、生活和生命产生深刻的共鸣，使大学生通过对传统文化的学习和情感体验，含英咀华陶冶性情，提高审美鉴赏力和认识分析世界的能力，自觉地欣赏美、追求美，按照美的规律去行事。将知识的学习与“真”的生活相联系，使学生真实体会到所学知识的现实价值，从根本上拉近学习与生活的距离，使得学习真正成为有本之木、有源之水。

（三）融注“情”的动人力量

教学活动不仅是传授知识的过程，更是师生情感交流的过程。传统文化承载了数千年中华民族的道德情感为情感教育提供了丰富的教学资源。教师可以利用感人至深、沁人心脾的美文营造课堂氛围，拨动学生情感的心弦，以情动人；教师在教学的过程中还要注意带着充沛的情感进行讲解，用自身对传统文化的认同和情感体验，启发唤起学生的共鸣，用“师情”架起教学内容与学生之间的桥梁；教师还应该特别注意为学生提供表达情感和思想的机会，将教学效果落实。教师运用各种教学手段和方法来调动学生的学习情绪，使之产生丰富的联想和情感体验。教师需要在适当的时机给予学生表达的机会，为学生提供展现自己的舞台，让学生及时体会到学习的快

① 余文森.有效教学十讲[M].上海：华东师范大学出版社，2013：67.

感和收获。这既锻炼了学生的语言表达能力，也增进了师生间的情感沟通与交流，还有助于教师及时了解学生的学习状态和学习效果。

(四)培养“美”的鉴赏能力

传统文化教育具有审美教育的功效，“所谓审美教育，就是通过审美活动培养人的审美情操，从而实现其心灵中的感性与理性的协调统一”①。切实有效的传统文化教育不仅有助于培养和增强学生的审美鉴赏力，使他们有更高的热情、更多的机会参与审美活动，而且能够帮助学生从自发的文学爱好者提升为自觉的文学欣赏者、创造者，提高他们发现美、欣赏美、创造美的能力。传统文化教育的过程就是将学生单纯的娱乐活动深化为培养、塑造学生艺术品格的素质教育的过程。教学过程中，教师应重在提高教学层次，挖掘中华优秀传统文化所蕴含的人生智慧、深邃思想、文化境界等博大精深的文化内涵，创造性地阐释那些塑造民族精神的经典文本，用美的意象去感染、影响学生，深化和提升学生对传统文化的理解，通过传统文化的桥梁，建立学生与历史、社会、人生的联系，使学生在学习传统文化的过程中增长知识、开阔眼界、放飞梦想、伸展胸怀，不断完善个人的人格修养，提升自身的人生境界，以自由、积极的心态面对广阔复杂的社会人生。

第三节　中华优秀传统文化在校园文化建设中的应用与实践

中华优秀传统文化是中华民族在数千年的历史文化长河中积淀而成的，是中华民族伟大智慧和创造力的结晶，是维系中华民族团结和民族振奋精神的力量之源，在一定程度上哺育着中华民族的茁壮成长，在相当长的时间内使得中华民族引领着世界历史发展的潮流。中华优秀传统文化的精华是宝贵的精神财富，也是一切更高、更新文明的源头活水。尤其是在今天经济全球化、文化多样化、政治多元化的时代，民族精神对国家软实力的影响日趋增大的新形势下，更要站在民族复兴的高度来重新审视中华优秀传统文化的现代价值。

---

① 鹿熙军，李燕临. 美学与艺术欣赏[M]. 北京：国防工业出版社，2014:66.

今天，校园文化建设已成为日常思想政治工作的重要组成部分和有形载体。我们要构建高校校园文化建设，必须用发展的眼光来看待中华优秀传统文化，挖掘其价值，为新时期的高校校园文化建设做出应有的贡献。尤其是在经济全球化时代，建设具有民族特色的高校校园文化之重要性日益凸显，中华优秀传统文化的传承与弘扬成为必然。中华优秀传统文化的价值极其丰富，但从高校校园文化建设的角度看主要包括以下几方面的内容。

一、中华优秀传统文化在高校校园文化建设的应用与实践

（一）“天人合一”的思想为构建高校校园文化提供了思想养分

中华优秀传统文化中的“天人合一”思想认为，人类的发展与自然的发展是相互影响、相互作用的，人们应根据自然的变化来调整并规范自己的言行。人在自然中处于从属的地位，人既应改造自然，也应适应自然，人类活动的目标不是统治自然、征服自然，而是把自然调整、改造得更符合人类的需要，但与此同时，必须注意不破坏自然，让自然界的万物都能生存发展，讲究“大乐与天地同和，上下与天地同流”的境界。庄子也认为人应当在自然面前保持必要的敬畏和谦卑，不能把它当作一个可以征服的对手或者一个予取予求的对象。不去故意破坏自然的和谐，而是顺应自然，就可以达到“天地与我并生，万物与我为一”的境界。

这种“天人合一”的思想与当今提倡的构建高校生态和谐校园文化不谋而合，也是人类在与自然相处的过程中所追求的至善至美的精神境界。因此，在构建高校校园文化中汲取这种和谐因素，可以进一步促进高校校园人与自然的和谐，保证高校的可持续发展。“天人合一”思想首先对高校的选址产生了重大的影响。那些山清水秀、景色宜人、依山傍水、山环水绕的地方是高校的理想环境。其次，对高校校园内的文化设施的风格构建及其装饰也产生着影响。在“天人合一”思想的影响下，高校文化设施的造型、组合、装饰也能够充分利用自然条件，反映当地特色，就地取材，因材致用，因地因时制宜，灵活安排，不拘一格，各具特色。将高校的文化设施与当地的自然景色融为一体，为高校校园营造出清新、高雅、灵秀的意境，真正有利于高校校园人的修身养性，使其在不知不觉中受到熏陶和感染，产生“春风化雨、润物无声”的文化育人功效。再次，“天人合一”的思想对高校校园的建设与经营也有着潜移默化的影响。在这种思想的影响下，高校绿化和美化能够具体地根据学校所处的地理、环境、气候、土质、校园建筑等实际情况合

理布局，选择适时适地的花草树木进行种植和修剪，从而营造出春有花、夏有荫、秋有果、冬有青的园林环境，使得校园处处洋溢着美的韵味，从而进一步陶冶人的情操，净化学生们的心灵，在不知不觉中提升审美情趣。

(二)“以人为本”的精神为构建高校校园文化铺垫底色

“以人为本”作为中华优秀传统文化所蕴含的一个基本理念，深深地根植于中华优秀传统文化的沃土，正是在这种传统文化的指引下，历代贤明的政治家、思想家、教育家在其论著中都发表了许多关于以人为本精神的精辟见解。不仅如此，在日常的现实生活中，几乎每个人都能自觉地将自己放置在特定的社会关系中考虑自我的生存之道，更多地考虑社会问题，注重现实人生和尘世的幸福。因此，在一定程度上可以将中华优秀传统文化的“以人为本”精神理解为以人为尊、以人为重、以人为先，强调把人放在第一位，突出人的发展，真正地尊重人的尊严、价值、利益和命运。

高校作为一种社会机构，从古至今，教书育人是其特有的使命，因此高校的发展要以人的发展为中心，不仅要使作为校园主力军的学生的身心和个性得到发展，也要促使作为校园主导的教师、作为校园掌舵者的领导和作为校园坚实后盾的后勤服务人员的身心和个性得到发展。一定程度上，以人为本就是学校的根本出发点和最终的归宿。具体而言，中华优秀传统文化中的“以人为本”精神对高校校园文化建设起着两方面作用。一方面，有利于设计、规划和营造人性化的环境。在“以人为本”精神的影响下，高校校园内的自然地理环境和建筑风格的选择、设计、规划和布局，既要注重其观赏性、实用性，更要注重其人性化色彩，以便校园人愉悦、顺畅使用。另一方面，有利于建设完善人性化的文化设施和阵地。文化设施和阵地作为校园人学习、工作、生活和娱乐的重要场所，主要包括教室、食堂、图书馆、宿舍、运动场、人文景观、电视和网络等。在“以人为本”精神的熏陶下，要对文化设施和阵地进行重点规划、建设和整体包装设计，融思想性、知识性、审美性和服务性于一体，从而有利于校园人亲近、融入和享用。

二、中华优秀传统文化在高校校园行为文化建设的应用与实践

(一)“贵和尚中”思想为高校建立和谐的宿舍文化提供了参考

中华传统社会非常重视人与人的和睦相处，相互关心，从而实现人际关系的和谐，倡导以“中庸之道”和“贵和尚中”的方式来处理人际关系。在具

体的人与人相处中，强调“己所不欲，勿施于人”“己欲立而立人，己欲达而达人”，真正设身处地为对方考虑，对别人应持同情宽容的仁爱之心和友善、包容的态度。自己要通情达理，自己不愿意做的事情不要强迫别人去做，要学会相互体谅，才能形成良好的和谐人际关系。宿舍是高校校园里小型组织细胞，是学生日常学习、生活和娱乐活动的重要场所，和谐的宿舍成员关系有利于宿舍的安全与稳定，从而为构建和谐的宿舍文化奠定基础。如若在日常活动中发扬“贵和尚中”思想，贯彻“贵和尚中”思想的精神实质，用宽容的胸怀、平和的心态去面对日常生活中的各种矛盾，在发展的矛盾中寻找和谐状态，则有利于宿舍成员和谐人际关系的建立，有利于和谐校园的建设。

（二）“明德精学、笃行致强”的精神为丰富高校校园文化活动提供了资源

“明德精学”，指主体内在的素质、操行和境界，将崇高思想情操和道德修养弘扬光大，精晓学业，传承民族文化之优长，兼容世界优秀文化，树优良学风、校风。“笃行致强”，指主体的行动、追求和目标，追求真知和理想，潜心探索，身体力行，跻身强校之列，实现强国梦，使伟大中华以文明进步之强势屹立于世界民族之林。中华优秀传统文化素有注重“明德”“笃行”的传统习惯，所谓“笃行”本质上就是指社会实践。知行观的相关思想贯穿数千年的中国历史。在很早时期，人们就注意到了知行关系的问题，不仅有儒家代表注意到了行的重要作用，墨家学派更是提出了“取实予名”论，从而开创了中国以实践为基础的认识论先河。由于中华传统社会是一种伦理社会，因此，具有实践理性的知行也带有伦理色彩。在宋明理学中理学家对“行”的认识和肯定多偏重道德的践履。到了明清之际，随着“经世致用”实学的提倡，传统文化中的实践理性向马克思主义实践观靠近。但不管其具有怎样的特点，都不能抹杀其本质特性实践性。高校校园行为文化是校园人在日常的工作、学习、生活、娱乐当中所表现出来的各种行为方式和活动方式，具体体现了校园人的行为操守和精神状态，是校园文化中显性的活的文化。而校园文化活动作为校园行为文化中最活跃的因素，高校可以通过开展丰富、高雅的校园文化活动，来促使校园人能够真正按照自己的兴趣、意愿来锻炼和培养自己的才干，从而为高校校园人提供自我教育、自我管理和自我服务的实践机会。借鉴中华传统人文精神中的“笃行”精神则有利于培养高校校园人积极主动地参与各种校园文化活动，从而培养他们的实践意识和参与意识。

三、传承中华优秀传统文化,不断引领校园文化科学发展

(一)高校要确立弘扬中华优秀传统文化的办学理念

办学理念是高校根据时代发展的要求和自身的办学条件,经过长期的思考而形成的。它是高校办学的指导思想,对高校办学实践具有根本的指导作用。要正确认识高校的历史使命,则需要进一步明确学校的定位,充分考虑学校自身的特点,结合本学校的历史传统,在此基础上逐步形成自己的办学理念,并把这一理念贯穿学校发展的始终。我们要在高校校园文化建设中弘扬中华优秀传统文化,则必须树立弘扬中华优秀传统文化的办学理念。只有有了理念上的认可,才能指导我们的校园文化建设。

(二)在培育优良的校风中弘扬中华优秀传统文化

校风建设是高校校园精神文明建设的重点和核心。努力构建文明健康、稳定和谐、充满生机的校园文化氛围,对生活、学习、工作于高校校园的人来说有着非常重要的作用。它不仅可以起到规范行为、陶冶情操的作用,还可以达到净化心灵、开启智慧的功效。在校风建设中弘扬中华优秀传统文化中刚健有为、自强不息和创新和谐精神则有助于培养校园人的发奋进取精神和和谐的人际关系,从而为构建和谐校园奠定基础。

(三)在倡导和培养社会主义核心价值观中弘扬中华优秀传统文化

倡导和培养社会主义核心价值观不仅要体现在社会主义的办学方向上,还要体现在高校自身的特点上。要大力倡导爱党爱国、勤奋踏实、诚实守信的价值观。它是一个学校在长期的办学过程中逐步形成的,需要广大师生员工不断在实践中探索和完善,并通过校训等载体表现出来。

(四)在科学研究中大力倡导构建浓厚的学术环境

倡导科学研究,培养科学精神,是高校校园行为文化建设的重要方面。高校应该注重学术文化环境的构建,始终把培育浓厚的学术氛围作为培养学生创新意识和创新能力,提升学生综合素质的重要途径。高校校园学术环境的构建离不开高校学术水平的整体提高,因此高校要高度重视学术队伍的建设,培养或引进各学科各专业学术研究的领军人物,培养广大学生学习研究的习惯,并千方百计提高他们学术能力,大力营造浓厚的学术气氛。

高校校园学术环境的构建也离不开学术文化的不断创新，因此高校还要高度注重学术文化的创新。在高校校园学术文化的建设中，要突出创新这个主题，通过一系列途径丰富广大师生的知识，激发师生的创新意识，培养师生的创新能力，鼓励师生自行进行科学研究和科学实验，逐步形成浓厚的校园学术文化筑围。

（五）在建设社团文化中弘扬中华优秀传统文化，培养积极健康的社团文化

学生社团是不同兴趣爱好、不同气质的学生，为了丰富课余文化生活、提升自身综合素质而组成的团体，它的存在对于丰富校园文化生活、活跃校园气氛、推进素质教育的发展具有积极重要作用。社团文化是高校校园行为文化重要的组成部分，在高校文化生活中扮演着重要角色。高校应根据学生特点，在社团文化建设中弘扬中华优秀传统文化，鼓励社团开展富于思想性、体现时代性的高雅文明的校园活动，引导社团走积极、健康、文明向上的校园文化之路。

第六章　新时代中华优秀传统文化融入高校思想政治教育的实践创新

步入中国特色社会主义新时代以来，中国以团结自信、不懈奋斗的昂扬姿态向着实现伟大复兴中国梦的方向坚定前行。在这个过程中，中华优秀传统文化在中国共产党带领全国人民建设社会主义的实践中充分凸显出其内在价值。围绕高校立德树人根本任务，结合新时代高校教育工作的新形势新要求，将中华优秀传统文化融入高校思想政治教育，以促进培育担当中华民族伟大复兴大任的时代新人也已经成为学术界、教育界的共识。然而这个课题如何在高校思想政治教育中有效实现，却一直是社会广泛关注和讨论的热点、难点。这就要求我们从探寻符合新时代特征，能够有效实现优秀传统文化融入的原则、路径入手，进而尝试构建能够促使其充分发挥内在精神血脉和思想资源优势的实践模式。

第一节　立足内在规律把握实践创新的基本原则

任何事物都具有自身内在的属性和基本规律。将中华优秀传统文化融入高校思想政治教育的实践创新，也要以自身条件为基础，立足时代诉求，遵循和把握一定的实践原则，才能确保中华优秀传统文化融入高校思想政治教育取得好的育人效果。

一、传承性与创新性相统一

中华优秀传统文化融入高校思想政治教育要充分体现传承性与创新性的有机统一。优秀传统文化是人们在创造历史的过程中产生的，其传承力和生命力很强。这种强大的基因使中华民族在漫长的历史更迭中实现了文化血脉的延续。将中华优秀传统文化融入高校思想政治教育就是要延续这份传承，让中华民族的精神标识深入新时代青年思想，为他们奠定文化自信的坚实根基。然而，立足当下，对中华传统文化的继承并不是无条件的，而是坚持有鉴别的对待，有扬弃的继承，有创新的发展。这种批判性和创新性不仅仅源于中华优秀传统文化中固有的革故鼎新理念，更多的是源于马克思主义指导中国革命建设改革过程中积累的理论自觉与实践经验。正是在马克思主义科学理论的推动下，党在传承中华优秀传统文化的过程中，摒弃了近代以来自我封闭带来的文化狭隘性和保守性，以极大的理论自信和革命勇气甩掉了思想包袱，转而以实事求是、开放包容、创新发展的全新精神状态，走出了民族复兴、国家富强之路。在高校思想政治教育中融入中华优秀传统文化也要深刻把握这一原则。一方面我们要积极传承，另一方面我们在优秀传统文化融入的过程中，应当坚持对其完善创新。换言之，这就是要求当今的思想政治教育要在优秀传统文化教育过程中将传承与创新作为一个问题的两面辩证地加以把握。传承是创新的基本前提，创新是传承的必要条件；传承是创新引导下的传承，创新是传承基础上的创新。这也是对物质运动的基本规律的一种文化表达。因此，传承不是要厚古薄今、全盘照搬，而是要坚持古为今用、以古鉴今，服务于时代进步的需要、人的全面发展的需要。否则，在思想政治教育中就易于出现思想保守，失去活力，停滞不前。创新和传承也并非自相矛盾，实际上就是要结合当前高校思想政治教育的根本目标，结合当代青年成长成才的现实需要，继承历史文化的合理成分，弘扬优秀传统中有益价值，确保中华文化在历史中赓续不辍，避免青年一代陷入历史虚无主义、文化虚无主义等错误思想的泥淖。

二、理论性与实践性的统一

中华优秀传统文化融入高校思想政治教育要充分体现理论性与实践性的有机统一。马克思主义的科学理论只有在与中国具体实际深入结合后，才迸发出思想的火花，实现理论的飞跃，才将真理光芒转化为物质的力量。实践是理论的源泉，是发展的动力，是检验真理的唯一标准。正是理论与实践的辩证运动，不断推进着人类认识的飞跃，也成为中华民族发展的根本动力。中华优秀传统文化融入高校思想政治教育，既是马克思主义中国化与传统文化观理论发展的延伸，也是中国特色社会主义文化不断发展的现实需要，更是提升高校人才培养质量的必然要求。中华传统文化是从中华民族历经几千年的发展进程中孕育出来的,有其自成一派的理论体系和实践基础,将其融入思想政治教育一方面要以马克思主义为指导,选取符合时代发展和大学生成长需要的优秀传统文化;另一方面也要从实践角度出发,弘扬文以载道、文以铸魂、以文化人、以文育人的实践精神,发挥引领社会进步的积极作用。只有实现理论与实践和谐互动、相辅相成,才能在中华优秀传统文化融入高校思想政治教育的实践中总结深化理论内涵,不断推进理论突破、理论创新;才能在理论指导下充分发挥传承、运用优秀传统文化开展思想政治教育实践优势,不断取得育人实践经验,积累育人实践成果。理论性与实践性的有机统一,不仅促进了理论与实践的双重发展,也激发了无限的发展动力和创造活力,开创了中华优秀传统文化传承、转化、发展的广阔天地和崭新境界。

三、显性融入与隐性融入相统一

中华优秀传统文化融入高校思想政治教育还应当注意显性融入和隐性融入的统一。中华优秀传统文化运用于思想政治教育是为了进一步提升其教育实际效果,更好地实现培养时代新人的终极目标。因此在融入的过程中要考虑融入方式的多元化和青年学生的接受度。

显性融入主要是指运用直接的、直观的、有计划、有步骤的方式,来达到优秀传统文化融入思想政治教育活动的方式。一般来讲,显性融入的进一步实施就是显性教育。目前,高校在思想政治教育整体范畴中显性融入优秀传统文化的做法主要是在教育过程中直接增加优秀传统文化有关的教育内容,开设相关补充课程,或者举办主题活动。其优点在于能够确立明确的教育关系,教育目的、教育计划、教育实施规范且高效,教育教学成果显著,一直以来也是优秀传统文化融入高校教育的一种重要方式。但与此同时,我们也应该清楚地认识到,随着时代的不断发展进步,面对当代青年思想与需要的复杂化、教育环境的多元化、教育方式的现代化,简单直接的显性融入方式已经表现出了吸引力与感染力不足、学生兴趣不高、教育效果不尽如人意的局限性。因此,就要在显性融入的基础上转换思路,探索隐性融入的方式,更多地利用隐性思想政治教育渠道,采用比较含蓄、隐蔽的形式,在文化、制度、管理等潜移默化地融入优秀传统文化教育,将传统文化的内容融入一定的活动和环境,使受教育者在无意识状态下受到来自传统文化的思想、心灵与价值观的触动,在不知不觉中将其积极的因素转化为自身的思想和行为选择，进而提升对于优秀传统文化的自觉自信。这种隐性融入与进而引起的隐性教育不易引起受教育者的情感抵触，使其在较为宽松的环境中受到黑陶，避免引起意识和心理壁垒因此，一旦教育的内容为受教育者所接受效果往往更为持久，作用发挥更为深刻突出。不过，隐性教育法需要长时间酝酿和熏陶，需要教育者投入更多的精力，还往往依托于一定的空间、场所或者载体，不能够快速达到教育目的，并且教育效果也难以控制。因此，在中华优秀传统文化融入高校思想政治教育过程中应当将显性与隐性两种融入思路统一起来，实现两者的优势互补。显性融入和显性教育中要进一步提升课堂等正面教育教学的效果，隐性融入和隐性教育过程中应当不断丰富具有影响力的可操作的方式方法。

四、民族性与世界性的统一

中华优秀传统文化深深植根于中国大地，产生于中华儿女几千年来的社会生活和生产实践，经过几千年的历史演进，积淀为中华民族的文化基因，是“有别于其他民族的独特标识”①。换言之，中华优秀传统文化彰显了民族性，是中华民族屹立于世界民族之林的标志性符号。我们每时每刻都面临着中国与世界的互动，中国与世界的发展已经成为你中有我、我中有你的统一整体。习近平总书记指出，“中华民族是一个兼容并蓄、海纳百川的民族，在漫长历史进程中，不断学习他人的好东西，把他人的好东西化成我们自己的东西，这才形成我们的民族特色”②。这就要求我们在当代青年大学生的培养过程中必须要放眼世界，树立世界思维、全球观念和国际意识，敢于和善于运用世界思维，坚持优秀传统文化走出去和世界文明精华引进来相结合，学习、吸收、借鉴世界上有益的科学技术和先进文化，丰富中华优秀传统文化的内涵。从中华优秀传统文化融入高校思想政治教育的角度来看，一方面是要彰显民族文化特色，树立民族文化自信和价值观自信，利用优秀传统文化提高对当代青年思想政治教育的实效性；另一方面，以具有广泛科学性的马克思主义为统领，结合当代教育面向世界、面向未来的发展方

---

① 习近平在纪念孔子诞辰2565周年国际学术研讨会盟国际儒学联合会第五届会员大会开幕会上的讲话[N].人民日报，2014－09－25(2).

② 习近平在省部级主要领导干部学习贯彻十八届三中全会精神全面深化改革专题研讨班开班式上的讲话[N].人民日报，2014－02－17(1).

向,优秀传统文化融入思想政治教育也促进了其自身在鲜明民族性特色基础上向具有时代性、世界性的文化方向发展。也就是说,新时代的中华优秀传统文化不应仅仅以民族的视野审视,而应当注意到它正以崭新的精神面貌重新走向了世界,它的文化精髓和价值取向正被越来越多的国家和人民所接受,成为破解当今世界发展难题的重要智慧源泉。因此,将中华优秀传统文化融入高校思想政治教育过程中应当注重优秀传统文化与世界上其他优秀的文化成果交流互鉴,促进民族性与世界性的统一。

第二节　围绕高校思想政治工作体系创新融入路径

培养德智体美劳全面发展的社会主义建设者和接班人,是新时代高校思想政治教育担负着的历史重任,也是光荣使命。中华优秀传统文化融入高校思想政治教育的实践,应当围绕着这一使命任务寻找有效路径,从而更加直接地发挥出中华优秀传统文化的育人价值。2020 年国家相关部门发布了《关于加快构建高校思想政治工作体系的意见》,意见中围绕立德树人根本任务规划了包括理论武装体系、学科教学体系、日常教育体系、管理服务体系、安全稳定体系、队伍建设体系以及评估督导体系等。这不仅为构建高校思想政治工作体系提出了明确的意见,同时也为围绕高校思想政治工作体系创新融入路径指明了方向。将中华优秀传统文化在高校的融入工作同构建高校思想政治工作体系工作有机协同起来,运用二者的互联共通部分,在高校教育中协同发挥最大的功效与价值。本部分将围绕中华优秀传统文化最能够发挥文化内在育人效能的理论武装体系、学科教学体系、日常教育体系、队伍建设体系,有针对性地展开融入实践路径的探索。

一、融入理论武装夯实青年学生思想成长成熟的文化基石

青年是“实现中华民族伟大复兴中国梦的主力军”①,培育当代青年学生成为堪当实现民族复兴大任的时代新人就要用科学的理论武装头脑。中华

---

①　习近平.做党和人民满意的好老师:同北京师范大学师生代表座谈时的讲话[N].人民日报,2014－09－10(2).

优秀传统文化融入高校思想政治教育的理论武装体系，一方面可以为大学生思想不断成熟，理论把握更加准确，政治立场更加坚定不移提供重要支撑；另一方面，也是中华优秀传统文化融入路径的有效方式，在爱国情怀、政治引领，以及价值引导等方面可以发挥重要的育人功能。

爱国情怀是一个民族最质朴、最重要的精神财富，在维系民族团结、维护民族独立和民族尊严等方面都起到至关重要的作用。“在中华民族几千年绵延发展的历史长河中，爱国主义始终是激昂的主旋律，始终是激励我国各族人民自强不息的强大力量”①。中华民族历来有深厚的家国情怀，爱国主义精神也是中华优秀传统文化的核心要义。透过悠久的历史与深厚的民族文化来看待爱国主义，是培育爱国主义情感的有效方式。历史证明中国共产党人是传承和践行爱国主义精神的光辉典范。百年来，中国共产党领导下的中国人民用事实书写了中华民族爱国主义精神的辉煌篇章。在中国共产党的领导下，高校思想政治教育广泛开展爱国主义教育，成果斐然。当前，中国特色社会主义已经进入新时代，开启了实现第二个百年奋斗目标的新征程。在新时代条件下，更要加强爱国主义教育，用以振奋民族之精神，凝聚全民族之力量，实现中华民族之伟大复兴。回顾中华民族悠远的历史，曾经涌现出层出不穷的爱国思想、爱国人物和饱含爱国主义深情的作品。例如：文天祥宁死不屈，以赤子之心书写“人生自古谁无死，留取丹心照汗青”的英雄豪情；范仲淹胸有丘壑“不为良相，便为良医”的志向，成就“先天下之忧而忧，后天下之乐而乐”的千古楷模；岳飞精忠报国；戚继光抗倭；等等。深入挖掘中华优秀传统文化中蕴含的爱国主义思想资源，能够赋予新时代爱国主义教育历史的滋养、文化的底蕴，对于培育青年一代传承民族历史、厚植爱国情怀、激励青春之志具有重要作用。

在高校思想政治教育工作中，以马克思主义理论、马克思主义中国化过程中形成的一系列理论成果武装青年一代，是使其坚定马克思主义信仰，学习社会主义意识形态，坚定“四个自信”，自觉为实现中华民族伟大复兴奋斗的重要基础。习近平新时代中国特色社会主义思想是“马克思主义中国化的最新理论成果，是党和人民实践经验和集体智慧的结晶，是中国精神的时

---

① 习近平在欧美同学会成立100周年庆祝大会上的讲话[N].人民日报，2013-10-22(1).

代精华，是国家政治生活和社会生活的根本指针”①。习近平新时代中国特色社会主义思想与中华优秀传统文化有着密切的关系。一方面中华优秀传统文化的思想精华为其提供了丰厚滋养，另一方面，习近平新时代中国特色社会主义思想也是对中华优秀传统文化的批判继承与创新超越。习近平新时代中国特色社会主义思想的内涵、话语体系和理论风格处处展现着传统文化的魅力。从思想的内容来看，以人民为中心的发展思想体现了“民惟邦本”的民本思想；中华民族伟大复兴中国梦彰显了中华优秀传统文化对于构建大同社会的理想追求新时代新思想在治国理政各方面的论述继承和发展了中华民族崇德重义，追求和谐，守正创新的理念。从习近平新时代中国特色社会主义思想的话语表达和思想底蕴上看，它体现了自强不息、坚韧不拔、刚健有为的进取精神，体现了舍生取义、忧国忧民、兼济天下的家国情怀和崇高境界，体现了和而不同；协和万邦的和平理念和广阔胸怀；同时新思想还继承创新了中华优秀传统文化中的从宏观出发的辩证思维，革故鼎新的创新思维，以及经世致用为价值取向的求实思维。可以说，中华优秀传统文化是习近平新时代中国特色社会主义思想的鲜明民族特色和精神底蕴。习近平新时代中国特色社会主义思想的突出历史地位决定了它也是当代高校思想政治教育铸魂育人的重要内容。用习近平新时代中国特色社会主义思想武装当代青年，既是帮助其正确认识和把握历史和时代发展方向与中国特色社会主义道路的历史必然性的需要，也是自觉地把个人的梦想与奋斗融入国家和人民的奋斗中的需要，更是增强青年学生“四个自信”，激发青年学子勇于承担中华民族伟大复兴历史重任的坚定信念的需要。将中华优秀传统文化融入习近平新时代中国特色社会主义思想教育，不仅能够促进青年更好地理解新思想中的关于文化发展方面的具体内容，还有助于深入理解这一思想的文化底蕴、内在理念，让青年在青春奋斗中转化为思想支撑和实际行动。

历史是最好的教科书和清醒剂。加强党史、新中国史、改革开放史和社会主义发展史教育的“四史教育”，是培养学生爱国主义精神，坚定道路自信、制度自信重要落脚点。作为绵延不绝的精神基因与思想宝藏，中华优秀文化在“四史教育”中呈现出独特的历史意义，不仅更加清晰地展现出自身的脉络与精华，也为青年大学生深入理解近现代史，把握未来发展方向提供

---

①　习近平新时代中国特色社会主义思想三十讲[M]. 北京：学习出版社，2018.

了丰富多维的思考层面。正如习近平总书记所指出的那样，要“讲清楚每个国家和民族的历史传统、文化积淀、基本国情不同，其发展道路必然有着自己的特色；讲清楚中华文化积淀着中华民族最深沉的精神追求，是中华民族生生不息、发展壮大的丰厚滋养；讲清楚中华优秀传统文化是中华民族的突出优势，是我们最深厚的文化软实力；讲清楚中国特色社会主义植根于中华文化沃土、反映中国人民意愿、适应中国和时代发展进步要求，有着深厚历史渊源和广泛现实基础”[①]。这对青年一代成长为堪当大任的时代新人具有重要意义。

中华民族几千年的发展历史积淀了博大精深的优秀传统文化，也凝聚了内涵丰富的价值理念，一直传承至今，全面渗透在整个民族的思想道德、风俗习惯、审美情趣、生活方式及语言文字中，并随着时代的发展而不断地与时俱进。时至今日，随着经济体制的变革、社会结构的变化，人民的思想观念也随之发生深刻变化。面对这种情况，中国共产党在洞悉国情社情、把握时代脉搏的基础上深入中华优秀传统文化，从中汲取宝贵精神财富，在党的十八大上凝练出了伟大的社会主义核心价值观。社会主义核心价值观与中华优秀传统文化密切相关。社会主义核心价值观的培育和践行使优秀传统文化得到延续和发展，二者相辅相成，最终促使社会主义核心价值观内化于心、外化于形。在中华民族悠久的历史中孕育出的中华优秀传统文化早已经融入民族的精神血脉，成为区别于世界其他民族的最根本的特质。当代中国的核心价值观也必然要以本土传统文化为根基，只有传统文化才能成为联结全体民众的纽带。正如习近平总书记所说“培育和弘扬社会主义核心价值观必须立足中华优秀传统文化。牢固的核心价值观，都有其固有的根本。抛弃传统、丢掉根本，就等于割断了自己的精神命脉。博大精深的中华优秀传统文化是我们在世界文化激荡中站稳脚跟的根基”。

社会主义核心价值观是对我国当前社会意识形态中关于国家、民族发展所需要的价值理念的高度抽象，是在汲取中华优秀传统文化思想精华的基础上，结合社会的发展和时代要求凝练而出的，所含内容都可以在中华传统文化中找到源头。它既是一种具有丰富内涵的价值观表述方式，又是中华传统文化、传统思维方式的体现与彰显。富强、民主体现着中华传统文化中国富民强、以民为本的积极理念；文明、和谐体现了中华传统文化中尚礼、

---

① 习近平在全国宣传思想工作会议上强调胸怀大局把握大势着眼大事努力把宣传思想工作做得更好[N]. 人民日报，2013－08－21(1).

天人合一的理念。从“己所不欲，勿施于人”到“不患寡而患不均”，再到“一民之轨，莫如法”，社会主义核心价值观对优秀传统文化的凝练与升华，创新与发展显而易见。在社会主义核心价值观中，属于个人层面的内容也同样在最大程度上体现了中华优秀传统文化的道德本质特征，在中华民族的历史发展中起到了积极作用。这种个人价值观念的旨归是实现天人合一、明德至善、赞誉万物，彰显了一种文明进步的价值追求。当代中国的核心价值观是在新的时代基础上，在马克思主义的指导下，在借鉴人类先进文化成果，继承和提升中华优秀传统文化的过程中形成的，是传统与现代的完美诠释。同时，培育与践行社会主义核心价值观也是当代高校思想政治教育落实立德树人的根本任务。将中华优秀传统文化融入社会主义核心价值观的培育和践行是其融入高校思想政治教育实践的关键内容。

二、融入学科教学促进价值引领、知识传授与能力培养相统一

课程与课堂是大学生接受价值引导、学习理论知识、获得专业能力的关键途径，也是开展高校思想政治教育的重要支撑，其中课程建设是“主战场”，课堂教学则是“主渠道”。其中既包括一直肩负此项任务的思想政治理论课，也包括其他具有立德树人功能的以通识课、选修课、慕课等，多种形式存在的哲学社会科学课程、各科专业课程、实验实践课、校本课程等。“思想政治理论课是落实立德树人根本任务的关键课程”①，是“实现高等教育内涵式发展的灵魂课程”②，具有不可替代的作用。在新时代背景下，为更好地发挥高校的立德树人作用，不仅要全面推进课程思政建设，“寓价值观引导于

---

① 习近平主持召开学校思想政治理论课教师座谈会强调用新时代中国特色社会主义思想铸魂育人贯彻党的教育方针落实立德树人根本任务[N]. 人民日报，2019－03－19(1).

② 中华人民共和国教育部. 新时代高校思想政治理论课教学工作基本要求[EB/OL]. (2018－04－13)[2021－08－10]. 中华人民共和国教育部门户网站，http://www. moe. gov. cn/srcsite/Al3/moe _ 772/201804/r20180424_334099. html.

知识传授和能力培养之中，帮助学生塑造正确的世界观、人生观、价值观”①，更要统筹高校思政课和课程思政，实现两者间有机统一，“让所有高校、所有教师、所有课程都承担好育人责任，守好一段渠、种好责任田，使各类课程与思政课程同向同行”，形成协同育人合力的理念也已经成为高校育人育才的共识。中华优秀传统文化融入高校思想政治工作学科教学体系，是发挥中华优秀传统文化中蕴含的深厚育人力量的重要路径。

(一)引经据典，融入教材体系

教材是承载学科内容、体现课程目标的重要教学文本，教材建设是课程建设与课堂教学的重要组成。如今，能够展现中华优秀传统文化的通识类教材以及围绕传统文化具体内容编写的教材日益丰富，其中不乏经典之作，如《中国文化概论》（张岱年、方克立）、《中国文化导论》（李宗桂）、《中国文化导论》（陈荣杰）、《中华优秀传统文化概论》（张应杭、蔡海榕）、《唐诗宋词鉴赏》（张明非）、《论语导读》（张小禹）等。这些教材的涌现为高校开设相关课程，提供了宝贵资源，优秀的教材不仅可以激发青年学生对优秀传统文化的学习热情，同样可以让相关教师在教学和备课的过程中加深对传统文化的理解。但同时，我们也应当看到与国家统一编制的权威传统文化概论教材相配套的具有地方特色、学科针对性、可读耐读性较高的讲义和学生读本并不多见。这就导致传统文化课程结束后，学生对概述、导论性质的教材敬而远之，再读和再运用的概率较低。因此，教育部门和高校应当积极组织各学科教师发掘、探索优秀传统文化中与各门课程具有深刻联系的契合点，将具有育人价值的优秀传统文化内容提炼、设计、融入各类课程教材、讲义、读本等，清晰具体地建立中华优秀传统文化与学生价值观塑造、知识积累、能力提升三个成长关键维度间的联系，使优秀传统文化的精华内容在修订后的教材中有针对性、具体地呈现出来，引导学生在各学科的学习中不断加深对传统文化的认识和理解、准确把握传统文化与时代发展、传统文化与学科内容之间的深层关系。可以说，将传统文化内容纳入教材编写、修订，既是对本学科内容的有力补充，也是中华优秀传统文化真正融入高校并发挥育人

---

① 中华人民共和国教育部. 高等学校课程思政建设指导纲要[EB/OL].(2020-06-01)[2022-02-15]. 中华人民共和国教育部门户网站. http://www.moe.gov.cn/srcsite/A08/s7056/202006/t20200603_462437, html.

实效的重要环节。

从高校思想政治理论课教材体系建设来看，新世纪以来，高校思政课教材编写已被纳入“马工程”教材建设，教材的规范度、科学性和体系化均得到大幅提升。从传承创新中华优秀传统文化角度看，思政课教材还需要从维护国家意识形态安全和文化安全，以及提升国家文化软实力出发，立足学生成长成才实际需要，将中华优秀传统文化融入其中，从而达到固本铸魂、理通古今、入脑入心的教学目的。下面以高校思想政治理论必修课中《毛泽东思想和中国特色社会主义理论体系概论（2018 版）》教材第十三章第二节“推动构建人类命运共同体”内容为例。追溯这一思想的文化渊源，关联到中华民族历来崇尚和平，向往大同的理念追求和无限向往；“协和万邦”“亲仁善邻，国之宝也”的思想体现了中华民族爱好和平，与邻为善，以邻为伴的理念；“国不以利为利，以义为利也”“君子喻于义，小人喻于利”“义利相兼，以义为先”等价值判断表达了中华民族在对外交往过程中在义利关系上智慧；“君子和而不同，小人同而不和”体现了我们民族历来秉持的开放包容、交流互鉴、友好相处的远见与胸怀。这样通过加入中华优秀传统文化的阐释与支撑，学生们能够更加深刻地理解人类命运共同体思想中的文化根基与中国智慧，增加中华文化的自信与自豪，同时也有助于加深青年学生对当今时代国际关系与国际秩序构建的深入思考。

从传统文化融入教材的形式来看，当前信息技术的发展也为教材呈现的丰富多样带来了机遇，要充分将传统文化、科学理论与现代移动网络、新媒体技术相衔接，突破传统的纸质书本束缚，将文字、图片、音频、视频等资源与 3D、AI 等技术融为一体，增加教材的亲和力，激发学生的学习兴趣，提升学生自主学习、深度探究的能力。

（二）承典塑新，融入课程建设与课堂教学

将中华优秀传统文化融入高校现有学科的教学体系，关键的环节就在于纳入各学科的课程建设与课堂教学，使之对学生思想进行熏陶，培育其承典塑新。一方面，要不断完善课程体系，推动课程结构的革新优化。结合不同课程的属性、内容等有针对性地推进课程建设过程中的有机融入，在课程评价体系中也要增加对传统文化的挖掘运用、传承转化等的考察。另一方面，要把中华优秀传统文化融入教学目标、教学内容及教学特点，创新教学方法，丰富教学活动，完善教学理念。

（1）开展中华优秀传统文化教育。进入新世纪，面对新形势新挑战，教

育部于2014年发出了《完善中华优秀传统文化教育指导纲要》，明确要求高校要结合实际情况积极开设中华优秀传统文化相关课程，灵活选择选修和必修的课程设置，进一步拓宽传统文化在高校教育的覆盖面。这对于引导青年大学生们更加全面、准确、深刻地认识中华民族的历史传统、文化积淀、基本国情，养成良好的思想品德和行为习惯，弘扬爱国主义精神，增强文化自觉自信具有重要作用。同时，从优化高校课程结构、提升立德树人实效的角度看，开设优秀传统文化基础课程，也将为实现其深度融入奠定扎实基础。但我们也应注意到，学习传统文化过程中，大学生们往往将其作为知识性内容吸收和处理，很难做到自发自觉地将优秀传统文化与思想政治教育、专业课学习进行关联思考、深化领悟。这就难免使学生学后印象不深、影响不大，甚至是对这门课程“无感”。因此，在开设传统文化课程基础上，应当进一步建立优秀传统文化与其他必修课、公共课、专业课等之间的协调融通。

(2)融入高校思想政治理论课。2020年习近平总书记在学校思想政治理论课教师座谈会上曾强调，“当前形势下，办好思政课，要放在世界百年未有之大变局、党和国家事业发展全局中来看待，要从坚持和发展中国特色社会主义、建设社会主义现代化强国、实现中华民族伟大复兴的高度来对待”①正因如此，融入高校思政课是这一课程本身肩负的使命和任务所决定的。从现实角度出发，目前全国高校普遍在不同程度开设了传统文化类课程，但由于各种现实情况制约，课程的实际教学设置、安排、效果具有较大差异。这就导致优秀传统文化对当代青年的覆盖程度和对青年思想成长成熟的影响力参差不齐。而经历过“85方案”“98方案”“05方案”三次主要的课程改革后，高校思想政治理论课的课程体系日益深化和完善。2018年，教育部再发文件进一步统一和明确了包括“毛泽东思想和中国特色社会主义理论体系概论”课程、“思想道德修养与法律基础”课程、“中国近现代史纲要”课程、“马克思主义基本原理”课程以及“形势与政策”在内的本科思想政治理论课课程体系和教学要求。显而易见，将中华优秀传统文化融入思政课课程与教学，无疑是融入高校思想政治教育，发挥优秀传统文化育人价值的重要途径。

---

① 习近平.思政课是落实立德树人根本任务的关键课程[EB/OL].(2020－08－13)[2022－01－30]. http://www.qstheory.cn/dukan/qs/2020－08/31/c_1126430247.htm.

具体来看，“思想道德修养与法律基础”（改称“思想道德与法治”）主要包括思想道德修养和社会主义法律基础两部分内容。课程的教学目标主要是树立理想信念，弘扬中国精神，引导大学生树立正确的三观，提升道德素养，形成法治思维与法治观念等。这些课程内容与中华优秀传统文化具有高度契合性，在课程教学中可以将中华文化中“志当存高远”的理想观，“虽九死其犹未悔”的信念观，“苟利国家生死以，岂因祸福避趋之”的家国观，“君子有道”“内圣外王”的道德观，“道私者乱，道法者治”的法治思想等，以及中国历史上层出不穷的仁人志士的光辉事迹融入其中，用富有鲜明民族色彩的思想文化引导大学生塑造自己的思想品格。

“中国近现代史纲要”从鸦片战争到社会主义现代化建设新时期前后约180年间中国向现代社会演进的历史脉络，展现了这期间无数仁人志士为挽救民族危亡，争取民族独立，实现国家富强，而英勇奋斗、艰苦探索的光辉事迹，呈现了中国共产党带领全国人民经过革命、建设、改革将一个积贫积弱的旧中国从半殖民地半封建社会的泥潭中拉出来，逐步发展成为人民当家做主，充满活力与生机，不断走向繁荣富强的社会主义新中国的厚重历史画卷。在这一过程中中华优秀传统文化也如实记录着这段历史，经历着其由低潮走向重生的重要转折。因此，以中华民族最深沉的家国情怀和与之一脉相承的革命奋斗精神作为切入点，将中华优秀传统文化融入“纲要”课程，必然会加深青年学生对民族历史认识，增强对民族精神的认同，有助于青年学生辩证地看待中华文化，深入地了解中国的历史，最终能领会中国人民选择马克思主义、选择中国共产党、选择中国特色社会主义的历史必然性，坚定文化自信。

“马克思主义基本原理”系统介绍了无产阶级和人类解放的科学理论，是对马克思主义基本立场和基本观点的深度概括和总结。分析其与中华优秀传统文化中的哲学思想，可以发现，两者具有高度的契合性。例如，马克思主义哲学中重视实践的思想在中华优秀传统文化中同样存在，从“知之非艰，行之惟艰”到“格物致知”，两者注重实践的思想相近相通。将中华优秀传统文化中蕴藏的“天人合一”“否极泰来”“穷则变，变则通，通则久”等深邃的哲学思想融入“原理”课程，不仅能帮助学生加强对马克思主义理论的理解，还能引导青年学生担负起传承发展中华优秀传统文化的历史使命。

毛泽东思想和中国特色社会主义理论体系概论课是以马克思主义中国化为主线进行展开的，集中阐述这一历史进程中形成的“毛泽东思想”和“中国特色社会主义理论体系”两大理论成果，深度解析贯穿于其中的精神实质和理论精髓，以此强化大学生对党的基本理论、基本路线、基本方略、基本纲领、基本经验的认知，提高大学生运用理论分析和解决实际问题的能力，增强大学生对中国特色社会主义现代化建设的“四个自信”。认真分析“概论”课程的主要内容，可以发现马克思主义中国化理论成果与中华优秀传统文化存在不可分割的内在联系。马克思主义中国化理论体系所展现的思想内容、价值观念和精神内涵，如“以人民为中心”“人类命运共同体”“生态文明”等大多能够溯源到优秀传统文化，如“民为邦本”“和而不同”“民胞物与”等。因此，将优秀传统文化融入“概论”课，应当注重从经济、政治、社会、文化等方面考察中华民族发展过程中的经验教训，将具体事例融入教学过程，要注重把握马克思主义中国化的历史文化根基，正确认识新时代中国治国理政理论、路线、方略的深刻内涵。

(3)融入公共课、专业课等课程。高校开设的公共课程、专业课程、校本课程等，在思想道德修养、人文素质、科学精神、奋斗精神等方面往往也不乏与优秀传统文化的契合之处。举例来看，大学语文课程可以加入经典名篇、诗词、散文等内容，提升大学生的人文素养与道德情操；大学体育课程可以加入中华传统体育运动如太极拳、太极扇等内容，让大学生们在强健体魄的同时加深对优秀传统文化的体验和感悟；教育学类专业课程可以加入传统文化中对教师的职业要求或学习传统教学方法与理念，如“师者，所以传道授业解惑者也”“教也者，长善而救其失者也”等。医学类专业课程可以加入中华文化中关于中医中药的内容，如扁鹊、华佗、张仲景、孙思邈、李时珍等古代医药名家潜心研究医术、药材及悬壶济世的事迹等，开展敬畏生命、医者仁心、精益求精的职业道德教育。在校本课程设计开发和投入教学实践过程中，应当结合本校大学生的实际和人才培养需要，融入地方和学校自身的历史文化特色，发挥地域和校园特定场域的熏陶感染效应，提升育人的获得感、亲和力。

值得关注的是，中华优秀传统文化融入高校学科教学体系，应当把握好“度”与“效”的关系，既不能将思想政治理论课上成文化通识课，也不能将民族历史或思想文化精华仅仅作为思想政治教育的教学素材或可有可无的理论注脚；既不能将每门哲学社会科学或者其他专业课程都以相同形式、相同标准划定教育内容，更不能一味追求融入效率，生拉硬拽地捆绑优秀传统文化，而是要充分尊重每门课程的独立性，把握好挖掘、阐释、融入的“度”，做到恰如其分，力求发挥最佳的育人实效。

三、融入日常教育丰富对中华优秀传统文化的体验与实践

高校日常学习和生活，是实现理想信念、价值追求、科学理论、道德情操等从人脑人心到外化于行的根本转变的关键空间。《高校思想政治工作质量提升工程实施纲要》中明确指出，要构建包括“课程、科研、实践、文化、网络、心理、管理、服务、资助、组织”在内的十大育人体系，其中很多方面都与高校日常思想政治教育紧密相关，更加凸显了日常教育环节的重要性。因此，高校思想政治教育的融入工作，要充分发挥秀传统文化本身导人向善、注重伦理践行的特点，将“修身、齐家、治国、平天下”的理想追求、“仁爱、重义、礼让、明智、诚信”的道德修养、“自强不息”的奋斗精神、“和而不同”的辩证智慧等核心精华，融入日常思想政治教育体系、内容、路径中，通过丰富当代青年学生对优秀传统文化的切身体验，使其在优秀传统文化的涵养浸润中逐渐形成正确的世界观、人生观、价值观，和崇高的道德修养、坚毅的意志品质，坚定对民族历史与文化、国家道路与前景的自信，在实践中成长为民族精神与文化的传承者、弘扬者。

著名教育家陶行知曾提出“生活即教育”的思想，深刻说明了将教育寓于日常生活之中的重要意义。中华优秀传统文化注重道德践履，强调知行合一，具有于无声处绵绵发力，百姓日用而不知的特征。高校日常教育是思政育人的重要形式和组成部分，同样具有重要作用。在日常教育中融入优秀传统文化应当充分彰显文化育人浸润熏陶、涵养精神、实践养成的作用，促进优秀传统文化真正进入青年的心灵，融入灵魂，传承民族风骨。

(1)浸润熏陶。历史上，中华优秀传统文化赓续不断，不仅是由于一大批学子士大夫对经史子集的传诵，统治者对礼法、文化的刚性约束，更重要的是源于一种有魅力的文化本身对人的熏陶感染，吸引感化。校园文化是思想政治教育春风化雨、润物无声地发挥影响的重要途径。结合两者特点，将中华优秀传统文化融入各类校园文化活动，增添历史内涵，文化底蕴，能够促进青年学生在潜移默化中获得民族文化精华的浸润滋养，自觉传承优秀传统文化，坚定文化自信。当代青年大学生都出生在改革开放后中国经济快速发展的时代，他们对国家充满自豪，需要一个能与传统文化零距离接触的平台。20 世纪末，一些高校已经开始探索通过开办优秀传统文化讲坛，组建具有中华民族特色、文化内涵的社团活动，如国画社团、民乐社团、京剧社团、相声社团等，丰富校园文化，让学生亲身感受传统文化的魅力，而且得到了广泛的好评，取得了一定的成效，积累了一定的经验与成果。当然，在

社团管理、社团活动水平、社团理论指导、社团活动与课堂衔接等方面，目前还存在水平参差不齐、规范性不足、影响力不大等问题，尚需全体思想政治教育者不断努力加以完善。另外，图书馆、宿舍、餐厅、大学生社团活动中心等生活化场景也是进行思想政治教育的大课堂，将优秀传统文化融入这个思想政治教育一线空间中是实现全面融入的重要一环。把富含中华文化气韵色彩的元素运用于校园建筑、区域或道路的命名，融入视觉、听觉等多元校园环境营造，如亭台、标语、音乐等都是可以深入挖掘、设计和运用的可操作方式。观察青年学生们是否能在高校日常生活化的场景中感受到优秀传统文化的熏陶滋养，是否能在熟悉自在的生活园地展现出坚定的理想信念、正确的价值取向、扎实的理论功底、科学的思维方式、崇高的道德修养，既是对优秀传统文化融入思想政治教育成效的检验，也是指导高校思想政治教育者进一步改进教育方式方法的真实反馈采集地。将这些可以融入文化浸润的生活园地进行一体化整合，运用显性和隐性的教育结合的方式加强师生交流、思想引导必将能够起到润物细无声的效果。

(2)涵养精神。自人类步入现代工业文明时代以来，生产力的高速发展创造了巨量财富，但人类内心的精神世界却逐渐被物质与技术所侵蚀、异化、奴役，迷失自我的孤独感、焦虑感、无助感、疲惫感充斥现代人的内心。很多青年大学生虽然尚未步入社会，但已经深刻感受到社会压力，面对多元思潮，数不清的选择与诱惑，是选择坚守还是另辟蹊径，是追求“多快好省”的速成，还是稳扎稳打步步为营，都是他们困惑却又必须面对的问题。中华优秀传统文化包含着浓厚的人文关怀、生命思辨、君子人格，对天人关系和人际伦理的思索，为有效解决当代人类精神困境提供了中国智慧与中国思路，也为涵养当代青年心灵、破除迷雾、解疑释惑提供了有力支撑。例如，一些来自偏远地区的贫困大学生进入高校后，不仅面临着经济的窘迫，往往要经受自卑还是自信，虚荣还是俭朴，求财还是求知的心灵磨炼与意志考验。贴近实际、贴近生活、贴近学生的日常思想政治教育，应当做到既解决实际问题又解决思想问题，在关心人、帮助人的过程中教育人、引导人、塑造人。在这个过程中，灵活生动地融入中华优秀传统文化中“自强不息、厚德载物”“富贵不能淫，贫贱不能移，威武不能屈”，勇于担当的民族精神，“投我以桃，报之以李”“滴水之恩当以涌泉相报”的诚实守信、知恩感恩美德，能够发挥优秀传统文化与思想政治教育融合育人的叠加效果，更好地在实现“扶困”基础上“扶智”更“扶志”的目标。

(3)实践养成。众所周知，实践教育对于高校思想政治教育实现立德树人根本任务具有突出的现实意义。习近平总书记在北京大学师生座谈会上的讲话指出:“道不可坐论,德不能空谈。于实处用力,从知行合一上下功夫,核心价值观才能内化为人们的精神追求,外化为人们的自觉行动”。这既展现了中华优秀传统文化重视实践的特色,也充分阐明了优秀传统文化融入高校思想政治教育实践育人的必要性和重要性。实践育人是中华优秀传统文化融入高校思想政治教育的重要路径,也是两者发挥育人合力的重要环节。通过实践教育,在校园内、课堂上获取的优秀传统文化理念、思想观念、道德规范及价值意涵等得到了延伸与拓展、检验与强化。青年学生在这个理性到感性再到理性的跨越中实现了理想信念、价值取向、文化自信的升华与固化。中华优秀传统文化融入实践教育一方面要注重发挥文化资源优势,通过创新组织形式,“建立和规范一些礼仪制度,组织开展形式多样的纪念庆典活动,传播主流价值,增强人们的认同感和归属感”①,触动当代青年的心灵与灵魂。如通过举办孔子诞辰纪念活动,在组织和参与过程中让青年学子们浸润于仪式感、使命感、荣誉感当中,激发青年学生的民族自豪感,增强民族凝聚力。另一方面也要促进实践教育中的知行合一,即围绕传统文化的特定内容,结合理论、专业等,进行深入体验,激发学生热爱中华优秀传统文化的情感,提升民族自豪感和民族自信心。如通过组织体育、文学、医药专业学生,参加赛龙舟、体验古代造纸术、识别中药等活动,领略一脉相承的民族精神与民族祖先的智慧。此外,还可以通过寻古访今的方式进行田野调查、社会实践,引导学生深入社会,了解历史更迭、时代变迁,体察国计民生,引导学生们把握社会发展新趋势、新风貌,坚定“四个自信”。

四、融入队伍建设为传承中华优秀传统文化提供坚实保障

以思政课教师为代表的教师队伍是推进高校思想政治教育的“主力军”,使命光荣,责任重大。中华优秀传统文化融入高校思想政治教育,需要明确融入什么、如何融入,此外还要解决好依靠谁来实现融入的问题。一支高水平的教师队伍是教书育人的根本保障,也是实现优秀传统文化思想精华与价值追求有效融入和融入有效的根本保障。高校思想政治教师要对自

① 习近平在中共中央政治局第十三次集体学习时强调把培育和弘扬社会主义核心价值观作为凝魂聚气强基固本的基础工程[N].人民日报,2014－02－26(1).

身有更高的要求，要成为“有理想信念、有道德情操、有扎实学识、有仁爱之心”①的“四有”好老师。这其中蕴含着中华传统文化中“经师易遇，人师难遭”“学为人师，行为世范”的价值传承，也指明了教师“传道、授业、解惑”的使命担当。因此，要破解高校的思想政治队伍中具有传统文化学习研究经验和较高中华优秀传统文化素养的教师数量少的难题，改变思政教师、辅导员、其他各专业教师、行政人员等对于中华优秀传统文化的认识有较大差距的现状，就要加强对高校教师的培训，开展针对性研修，不断提升高校教师的中华优秀传统文化素养，提高开展优秀传统文化教育和运用其思想资源的能力。为完成在“高校思想政治理论课骨干教师研修、高校辅导员骨干培训中加大中华优秀传统文化内容比重”的要求，应当打造一支符合条件的优秀骨干队伍。

2017 年、2018 年，党中央、国务院先后印发《关于实施中华优秀传统文化传承发展工程的意见》和《关于全面深化新时代教师队伍建设改革的意见》，再次明确了传承与发展中华优秀传统文化过程中教育者所肩负的重要使命，提出了加强中华优秀传统文化教育，提升教师思想政治教育的具体要求。2018 年教育部制定的《新时代高校教师职业行为十项准则》中也提出了传播优秀文化的要求。2019 年，教育部等七部门研究制定的《关于加强和改进新时代师德师风建设的意见》中明确强调教师应当积极弘扬中华优秀传统文化，涵养提升师德师风。从一系列的文件要求中表明，传承中华优秀传统文化并将其运用于提高自身人文素养、丰富教学活动、弘扬传统文化已经成为新时代教师完成教书育人使命的必然要求。高校思想政治教育者应当形成主动学习优秀传统文化的高度自觉，积极提升自身的传统文化的理论和能力素养，对中华优秀传统文化的历史脉络与核心内涵要熟练掌握，在自己的教学领域挖掘和阐释优秀传统文化内容；深刻认识和理解其中蕴含的思想精华，善于运用辩证唯物主义和历史唯物主义的观点深入剖析传统文化的哲学意涵，发挥积极性、主动性、创造性，将其同马克思主义理论、本身从事的学科专业、所负责的具体工作内容相衔接，在传承的同时加入创新；善于将中华优秀传统文化中蕴含的思想理念、教学方法、资源素材等，灵活运用于教育活动中，提升思想政治教育的亲和力、获得感和实效性。只有这样，才能春风化雨般助力青年学生成长，“做学生锤炼品格的引路人，做学生

---

① 习近平. 做党和人民满意的好老师：同北京师范大学师生代表座谈时的讲话[N]. 人民日报，2014－09－10(2).

学习知识的引路人，做学生创新思维的引路人，做学生奉献祖国的引路人”①，促进优秀传统文化在校园中落地生根，实现从优秀传统文化有效融入思想政治教育过程到最终促进思想政治教育收获实效性的融入有效的跨越。

总之，中华优秀传统文化依托多维路径融入高校思想政治教育，还需要构建刚性化的规范体系，推进思想政治教育全员齐心协力有意识地参与，才能取得更好的效果；同时立足新时代的历史新起点，优秀传统文化还要依托“大思政”格局，构建优秀传统文化融入高校思想政治教育的总体实践模式才能实现常态化、制度化。

第三节 依托“大思政”工作格局创新融入的实践模式

“行之力则知愈进，知之深则行愈达”。找到中华优秀传统文化融入高校思想政治教育体系的路径后，就要进一步构建起使各个路径相互联通，形成协同育人合力的实践模式，使中华优秀传统文化有效转化为育人化人的思想政治教育优势与推动力，也使高校思想政治教育成为传承民族精神、推进中华文化传承与弘扬的基石。

一、全员全程全方位协同推进传统文化有效融入

2016 年，在全国高校思想政治工作会议上，新时代高校思想政治工作的突出地位和重要作用得到了深刻阐释，构建全员、全过程、全方位的“三全育人”工作格局成为发展高校教育的战略要求。正所谓“众擎易举，独力难支”，传承与弘扬中华优秀传统文化作为高校落实立德树人根本任务的重要组成部分和有力支撑，也应纳入“三全育人”思政工作格局的育人内容，应该在马克思主义理论指导下将中华优秀传统文化中蕴含的民族精神、价值理念等与高校思想政治教育的理论与实践结合起来，发挥二者最大的效用。要不断创新育人理念、思路，拓展育人实践，大力提升教师队伍的综合素质

① 习近平在北京市八一学校考察时强调全面贯彻落实党的教育方针努力把我国基础教育越办越好[N]. 人民日报，2016－09－10(1).

和育人水平,摸索和构建中华优秀传统文化融入高校思想政治教育协同推进的理想模式。

(1)中华优秀传统文化融入高校思想政治教育离不开全体教职人员的协同推进。新时代高校教师的培育工作,关乎高校立德树人根本任务的实现,关乎历史赋予高校教师的时代重任与神圣使命。青年学子的全面发展离不开民族历史与文化的精神滋养。打造一支专业强、自律严、素质高的思想政治教育队伍,既是立德树人的需要,也是高校传承和弘扬中华优秀传统文化的需要。只有全体高校教职人员队伍率先树立正确的传统文化观,具有较高的中华优秀传统文化素养,才能在教学实践中形成浓厚的文化育人氛围,为中华优秀传统文化扎实有效地融入高校思想政治教育提供坚实的基础和保障。使高校全员参与中华优秀传统文化的传承、弘扬,一是要组织一支具有顶尖专业水平的优秀传统文化专家队伍。邀请传统文化、历史、民族学等相关专业、领域的教授学者组成专家小组,针对融入学科的特点和教学方式选取中华优秀传统文化相应内容进行统筹设计,其结合点的选择要具有理论和现实依据,既要有原则的把握,也要有自由的裁量。这样的原则和方法不仅可以提升全体教师对优秀传统文化的认知水平,还提高其运用中华优秀传统文化,并使之与学科、工作领域等灵活结合的能力。如融入课堂教学与日常管理服务,融入图书馆、校史馆、学生服务中心、学生活动中心的建设与具体工作,融入校园环境建设等。二是要聘请具有较高理论水平、政策水平、实践经验的校外教育工作者、企事业、机关工作人员等,都加入到优秀传统文化融入、传承的队伍中,向校园内的教职人员介绍相关情况,交流经验,拓宽高校教师的文化传承与文化育人思路,形成更加广泛的优秀传统文化全员育人队伍。三是要健全协作促进优秀传统文化融入高校思想政治教育的长效机制。一方面,要搭建教师培养平台,不断更新、壮大在传承优秀传统文化,推进文化育人方面专业理论过硬、思想素质突出、理念先进、思维活跃、富有开拓创新精神的思想政治教育工作队伍;另一方面要建立有效沟通协作机制。根据学科专业、工作属性、工作内容、服务对象、共同兴趣等组成传承传统文化育人小组,定期进行研讨;制订共同的目标和长短期结合的任务清单、实践路线图等,围绕既定方案进行协作分工,共同推进优秀传统文化扎根校园、发挥文化浸润和精神滋养的作用。同时,教师团队还可以作为学生组织、学生社团的导师,带领学生共同成为优秀传统文化融入校园的推动者,逐步广泛影响全体学生,使之在优秀传统文化的滋养熏陶中全面成长,并将教育效果纳入工作考核。

(2)中华优秀传统文化融入高校思想政治教育要依托全过程育人。“全过程育人的实质是要将思想政治工作融入教育教学全过程与学生成长过程。”[①]如何理解全过程育人以及如何依托其开展融入工作？从教育教学全过程角度看，应当进一步推进课程思政建设和融入工作，促进教学改革和创新，努力使融入的目标更加清晰，层次更加分明，环节衔接更加紧密；在课程教育与日常管理服务中将价值引导和知识传授相结合、灌输与启发相结合、显性教育与隐性教育相结合，提升教学课堂的历史底蕴、思想内涵与亲和力，增加学习、传承中华优秀传统文化的针对性、获得感。从教书育人的内在规律来看，学生从理论认知到价值认同再到实践养成，是一个由向内输入转化到向外输出的过程。其中需要知识性的理解与积累，也需要思想上的接受与把握，还需要在实践中反复验证与固化。这就要求中华优秀传统文化的教育与熏陶也要遵循规律，深入教书育人的纵向过程，才能产生对学生精神、思想、价值等方面的沁润与引领。从学生成长全过程看，应当深入把握当代学生的成长轨迹、精神风貌、心理需求，结合青年思想品德发展的客观规律，具体地、深入地将中华优秀传统文化融入青年大学生的学习与生活，既要注意避免与小学、中学阶段学习内容的简单重复，提升大学本、硕、博不同学习阶段，中华优秀传统文化教育的思想性、理论性、创新性、实践性和主体性；同时也要探索如何使优秀传统文化作为民族精神力量之源，与社会教育相衔接，使其教育影响力延伸到学生走出校门后的自我教育与终身学习之中。

(3)中华优秀传统文化发挥其内在价值还要融入全方位育人的框架。所谓全方位育人，就是要贯通教育全过程，在课前、课中、课后，线上、线下，学校内外等各个方位和领域。就校内来看，应当将中华优秀传统文化纳入学校人才培养目标体系进行科学谋划；汇聚宣传部、教务处、学工处、团委以及各学院专业等相关部门力量，统合建设中华优秀传统文化融入高校思想政治教育的规划、指导、实施、监督、考评等环节，形成各部门齐抓共管同时又各司其职的良好互动与循环模式。其中的核心就是要衔接好主渠道与主课堂。基于当今社会科技发展、生活方式转变和背年成长的阶段性特点，中华优秀传统文化融入高校思想政治教育还应当构建线上与线下结合的育人模式，才能形成对青年学生文化氛围的有效引领。从校内外角度看，以学校

---

① 杨晓盐.高等教育“三全育人”:理论意蕴、现实难题与实践路径[J].中国高等教育，2018(18):6.

为中心,向社会、家庭及各界辐射带动,汇聚资源,形成合力是实现全方位育人的重要维度。

二、衔接主渠道与主阵地提高育人化人的实效性

中华优秀传统文化自古就有倡导知行合一的治学求知之道,认为育人成才“存其心、养其性”是调动学生内心自觉自知,提高理性认识的过程。而“履,德之基也”,只有付诸实践才能使知识真正转化为自身内在的价值与能力。因此,将优秀传统文化融入高校思想政治教育,应当积极借鉴这一教育理念与育人方法。教育部早在2014年就强调传承与弘扬中华优秀传统文化对当代青年学生成长的重要意义,并以指导文件的形式明确提出了将中华优秀传统文化纳入高校课堂和日常教育的具体要求,充分体现出优秀传统文化中知行合一的理念。

“思想政治理论课是落实立德树人根本任务的关键课程”①,是通过系统化的课程教学方式,不断完善青年学生的思想政治理论和价值理念的主课堂、主渠道;课程思政建设将高校的所有教师、所有课程都纳入了立德树人的课堂教学“主渠道”,通过协同育人进一步增强了育人的实效性,为“引导学生增强中国特色社会主义道路自信、理论自信、制度自信、文化自信,厚植爱国主义情怀,把爱国情、强国志、报国行自觉融入坚持和发展中国特色社会主义事业、建设社会主义现代化强国、实现中华民族伟大复兴的奋斗之中”②奠定了坚实的理论基础。日常思想政治工作涵盖社会实践、校园文化、网络阵地、心理健康、管理服务、资助评优、组织建设等诸多方面,是思政课教学的有效延伸和补充,侧重于从理论到实践的转化,注重在学生日常实际中引领青年学生在思想上的成熟,以形成正确的人生观、价值观与世界观,是开展大学生思想政治教育的“主阵地”。“主渠道”和“主阵地”是在高校范围内,在不同的场景下,用不同的方式发挥着其独特的育人作用。因此,推进中华优秀传统文化融入高校思想政治教育,就要充分运用“主渠道”与“主阵地”的普遍性、深入性优势,探索构建优秀传统文化融入“主渠道”“主阵

① 习近平主持召开学校思想政治理论课教师座谈会强调用新时代中国特色社会主义思想铸魂育人贯彻党的教育方针落实立德树人根本任务[N].人民日报,2019-03-19(1).

② 同①.

地”协同育人的良性互动和长效机制，实现思想理论武装与体验感受的结合。根据以往高校的经验来看，思想政治教育在主渠道与主阵地存在着较为严重的脱节现象。主渠道具有理论性、知识性强的优势，但是往往远离青年学生的生活实际，不能有针对性、具体地为学生解疑释惑，实效性相对较弱。主阵地贴近青年学生日常学习生活实际，注重在实践中开展教育，但在联系理论方面存在不足，易于出现过度注重现实生活，缺乏价值引领和启示的倾向。两者间在教育内容、方法途径上缺乏整合与沟通的现象限制了思想政治教育立德树人的实际效果，也成为制约中华优秀传统文化发挥固本培元、育人化人作用的主要瓶颈。因此，以中华优秀传统文化充分融入高校思想政治教育作为推进主渠道与主阵地有效衔接的契机与内容，具有高度的可行性与可操作性。在具体的实践过程中，主渠道与主阵地的衔接可以从以下几个方面入手。

(1)实现主渠道与主阵地教师的有效衔接。以思想政治理论课教师为代表的所有课程教师和辅导员都是青年学生成长成才的引路人，担负着立德树人的历史使命，要让学生通过学习“掌握事物发展规律，通晓天下道理，丰富学识，增长见识，塑造品格，努力成为德智体美劳全面发展的社会主义建设者和接班人”①。借助中华优秀传统文化教育融入的契机，高校应当组建以相关领域专家、学科带头人为组长顾问的思政育人一线教师团队，以专业或年级为单位搭建教师和辅导员共同研讨、相互交流的论坛或平台，取长补短，增进理解，加强两者间的有效衔接；探索制订教师和辅导员短期轮岗或阶段性兼职的机制，将辅导员请上课堂，将教师请到日常思想政治教育的各个环节，亲身体验不同的育人领域，提高育人本领，深化工作思考；建立同专业或者同年级学生辅导员与教师的协作机制，围绕特定的育人主题、时间节点等开展贯通课上课下的联合工作，提升思想政治教育获得感，形成协同效应和育人合力。

(2)促进主渠道与主阵地育人内容的有效衔接。中华优秀传统文化与思想政治教育的融合点不应是随机选取的，而应是围绕学生成长规律与育人根本任务、高校教学规律与目标，结合青年价值观与道德品质形成、科学理论与思辨能力增强、思想文化素养提升的具体需要以及专业方向和专业

① 中华人民共和国教育部. 高等学校课程思政建设指导纲要[EB/OL]. (2020—06—01)[2022—01—15]. http://www.moe.gov.cn/sresite/A08/s7056/202006/t20200603.462437.html.

课程进度与目标等统筹选取的。课程课堂与日常思想政治教育在融入教育、教学的优秀传统文化内容的选择与设计上也应做到协调互补,避免重复。具体来看,在课堂教学方面,思想政治理论课是按照先“基础”“史纲”,后“原理”“概论”,贯穿“形势政策”的方式展开的,体现了由浅入深、循序渐进的育人思路;专业课程一般也是按照先公共基础课,后专业课的方式编排,目的也是先夯实基础理论,搭建专业知识结构框架,再进行深入具体的学习探究。从日常思想政治教育角度来看,低年级一般开展大学适应性教育、理想信念教育、价值观引领等;高年级一般结合具体问题,更加具有针对性,深入地进行思想政治教育,如择业观、职业道德及修养、正确处理人与社会的关系的问题等。不仅如此,在注重中华优秀传统文化融入的针对性的同时,也应注意到融入的科学性,做好科学规划。如从通识性教育入手,了解民族历史、文化发展脉络与辉煌成就等,再运用其中的精华进行思想价值理念引导,再具体深入到优秀传统文化与当今时代、与所学专业等方面的探究性学习与思考内化等。总之,将中华优秀传统文化融入的内容阶段化、具体化分配呈现,能够使其更加系统地深度融入。

(3)推动主渠道与主阵地育人形式的有效衔接。中华优秀传统文化融入思想政治教育的根本目标是立德树人,但是由于主渠道和主阵地的育人侧重点不同,在优秀传统文化融入的形式上自然会存在差异。如果能实现两者的协同联动,将极大地提升育人效果。根据课堂教学的特点,融入的中华优秀传统文化往往具有抽象性,侧重于选择能够与课程主干内容相衔接的思想、理论、历史典故、人物事迹等。从形式上看,一般是充分挖掘和利用课程本身的内容、国内外社会热点事件、日常思想政治教育中的典型案例与重要契机等,援引优秀传统文化的内容、理念或方法,通过课堂讨论、头脑风暴、自学展示、主题研讨、学术交流、知识辩论等形式,引导青年学生利用中华优秀传统文化的思想理念分析现实问题,寻找破解现实问题的古代智慧,进一步增强思想政治教育理论课堂的文化魅力与思想活力,使理论课堂变得更有参与度、有趣味性、有意义、有意思,更耐人寻味。从日常思想政治工作角度出发,往往是围绕节点性、阶段性的主题活动,以较为具体的、可体验、可感知的、参与度较高的形式融入中华优秀传统文化,如传统乐器、戏曲、舞蹈的展演,书法、国画展览,经典诵读比赛等。课上偏“文”,体验度、参与度不足;课下偏“武”,缺少理论链接与价值升华。这是两者受到各自“教育主场”条件制约造成的必然结果,而如果能围绕教育根本目标,制订详细的目标体系,在共同的主题下,运用科技手段,实行协作联动、交互融合的实践模式，将课内外的学习与实践紧密地联系起来，就能够较好地解决这一问题。

总之，实现中华优秀传统文化融入高校思想政治教育，需要充分调动主渠道和主阵地的联合力量，融入中华优秀传统文化的高校教育课堂，丰富教学的内容，提升教学质量，加深学生对优秀传统文化的理性认知，启发对传统文化思想精髓的领悟，可以更好地发挥课程思政建设“主渠道”的作用。而融入中华优秀传统文化的日常思想政治教育工作，则能够推进中华优秀传统文化在高校日常生活中的积极转化，有助于引导学生将学习到的价值理念、思想方法运用到实际生活之中，让思想政治教育在日常生活中潜移默化地完成其使命，从而更好地发挥大学思想政治教育的“主阵地”作用。设计具体、切实、可操作的方案，进一步推进中华优秀传统文化融入高校思想政治教育“主渠道”和“主阵地”，将有效衔接变为长效机制，形成主课堂、主渠道内化，主阵地外化，全体教师协同育人，联动反馈的育人模式，不仅有助于传承优秀传统文化，还在推动高校教育改革创新，提升高校教育的文化底蕴与感染力、实效性方面也具有积极作用。

三、运用“互联网＋”模式加强线上文化浸润与引领

习近平总书记曾指出，“时间之河川流不息，每一代青年都有自己的际遇和机缘，都要在自己所处的时代条件下谋划人生，创造历史”。[①] 青年大学生来自五湖四海，有着不同的家庭环境和成长经历，但他们都是改革开放后中国经济高速发展、科学技术日新月异、物质条件空前优渥的时代背景下成长起来的新一代青年。中国特色社会主义新时代就是当代青年大学生们所处的历史方位，奋斗出彩人生的起跑线。他们有热爱祖国、乐观向上、彰显个性、善于接受新兴事物、富有创新等诸多鲜明特点。其中，最为突出的就是他们都是互联网的“原住民”，移动网络、智能设备、APP、新媒体，已经成为他们生活、学习、娱乐、社交不可缺少的重要组成部分。青年大学生几乎是无人不网、无处不网、无时不网。雅思贝尔斯曾说，谁赢得了青年，谁就赢得了未来。而现今，在一定意义上，我们可以说谁赢得了互联网，谁就赢得青年，也赢得了未来。从高校教育的视角来看，互联网技术的高速革新突破

---

① 习近平.青年要自觉践行社会主义核心价值观：在北京大学师生座谈会上的讲话[N].人民日报，2014－05－05(2).

了课堂、学校、求知、治学的传统边界，对学生的影响越来越大。尤其是移动互联、新媒体技术的兴起和发展，在拓展大学生传统信息获取途径的同时，也深刻改变了大学生的学习、阅读、思考和生活方式。在当今时代背景下，开展思想政治教育，融入优秀传统文化，引领青年一代的思想与价值，就要直面当代青年学生的成长背景和代际特征，深入把握其思想状态、实际需要和心灵困惑，充分尊重青年学生的主体地位，遵循其发展规律和人格个性，以青年人喜闻乐见的互联网、新媒体、社交平台等形式贴近其精神脉动，实现思想引领。

面对新时代、新载体、新技术等瞬息万变的现实条件，中华优秀传统文化融入高校思想政治教育也必须要“因事而化，因时而进，因势而新”，实现优秀传统文化的有效转化、载体和形式创新，充分运用互联网技术与平台的支撑，构建“互联网＋”文化传承的融入模式和工作思路，通过打造精良的中华优秀传统文化网络平台、公众号、微博、抖音等广泛传播传统文化的思想精华；通过将节气、传统节日、风俗、典籍故事等生活化优秀传统文化内容嵌入青年一代浏览度较高的互联网媒体；开发制作易于获取和呈现生动的传统文化电子典籍图书馆、传统文化动画作品、游戏产品等多元多样的方式，提高优秀传统文化“出镜率”，形成线上线下一体化浸润引领的模式。

(1)在设计“互联网＋”优秀传统文化模式的内容时，我们应当结合青年大学生的成长规律，分学龄、专业和人群有针对性地进行设计。“大学生成长规律是成长各要素自身形成发展规律和要素间相互影响制约规律的统一，是某一阶段大学生成长的具体规律与整个成长阶段的基本规律的统一，是以热点出现的具体成长问题同整个成长问题的统一”①。要使当代青年大学生能够主动接受优秀传统文化的思想滋养，形成正确的价值追求，就要综合考虑他们在家庭、学业、情感、社会等多方面受到的影响与产生的感受，尤其要把准他们所承受的压力、迷茫、困惑、忧伤，引导他们坚定信心，帮助他们寻找方向，激励他们成长成熟。在这个过程中，与家长和老师们的说教不同，运用互联网平台将优秀传统文化的哲学理念、思想精华，中华民族历史赓续中涌现的英雄典故，感人至深的奋斗事迹、爱情故事，滋润心神的乐曲诗歌等呈现给青年学生，能够不断给予他们精神世界更多的思想支撑和人文关怀，并且通过适当地给他们的思考与成长“留白”，能够培养他们形成独立的思考与辨别力，产生与优秀传统文化自然而深刻的联系，成为民族文化

---

① 杨晓热.当代大学生成长规律研究[M].北京:人民出版社,2010:21.

的传承者、弘扬者。具体来看,当代青年在校期间"横向上,以大学生思想成长为主线,以大学生心理、交往、学习、网络行为为副线……纵向上,以大学年段发展的时间为主轴,以思想、心理、交往、学习和网络行为要素"①。他们在低年级要处理大学生活模式、人际关系、学业与实践关系等适应性问题,到了高年级往往更加关注学业、就业、升学等与个人发展相关的具体问题,贯穿其中的是不断引发自身深入探究的价值取向、理想信念、人格塑造、道德追求等问题。围绕这些具体的问题,进行中华优秀传统文化的筛选设计和"互联网+"模式传播,靶向推送,将有效地提升青年学生对传统文化的认知、认同。

(2)在实践"互联网+"优秀传统文化模式过程中,应当充分联合学校党委、学生处、教务处、团委等相关部门与各个学院紧密协作,汇聚全部力量,整合优势资源,制订统一的优秀传统文化融入思想政治教育网络育人平台实施方案,形成层次清晰、具有鲜明特色的融媒体中心,加强"互联网+"模式中的互动、联动与反馈,呈现更多的具有针对性、亲和力的育人作品,与线下教育形式呼应互补,切实增强优秀传统文化对大学生思想与精神的浸润与引领。

四、构建文化传承的学校、家庭、社会多维支撑

老子曰:"执古之道,以御今之有,以知古始,是谓道纪"(《道德经·道经》第十四章)。运用历史上积累的思想能够帮助我们理解和解决今天面临的问题,展现了中华民族鉴古知今的哲学智慧和历史观。进入新时代,我们对高等教育"培养什么人、怎样培养人、为谁培养人"的根本问题的认识也得到不断深化,明确了中华优秀传统文化和思想政治教育在落实立德树人根本任务中的战略意义。党的十八大以后,党和国家陆续出台了《完善中华优秀传统文化教育指导纲要》《关于实施中华优秀传统文化传承发展工程的意见》《高等学校课程思政建设指导纲要》等重要文件,明确了大学生传承中华优秀传统文化的战略安排。其中不仅强调了中华优秀传统文化融入高校教育的重要意义,还明确指出家庭和社会也应该营造浓厚文化氛围,与高校协同起来,一同担负起传承弘扬中华优秀传统文化的责任。

---

① 同①2.

1.将优秀传统文化寓于家庭、家教、家风

在中华民族的历史文化和社会结构中，家始终占据重要的位置。从历史文化角度看，中华文化中的家国情怀、忠孝仁义等重要元素都从家庭中萌发延伸，“孟母三迁”“岳母刺字”“画荻教子”“卧冰求鲤”“黄香温席”等历史典故都讲明了家庭对于文化传承的重要意义。从社会角度看，家庭是组成社会的细胞，是维护社会稳定、促进社会进步的基础性力量。从国家角度看家国同构、家国情怀都体现出家庭对国家发展繁荣的重要性。从中华民族的社会理想看，家庭也是实现“天下大同”社会的立足点和价值指向。东汉学者荀悦曾著《申鉴》，总结历史经验供统治者借鉴。他继承了孟子“天下之本在国，国之本在家，家之本在身”和《大学》中“修身”“齐家”“治国”“平天下”的思想，指出“明于治者其统近，万物之本在身，天下之本在家，治乱之本在左右，内正立而四表定矣”，从治理的角度强调了家庭幸福和睦对于社会稳定有序、国家政通人和的基础意义。家庭既是中华优秀传统文化中诸多价值理念、道德修养、思想精华的源发地，同时也是传承优秀传统文化，构建社会文明的基石。正所谓，家之正则国之定。习近平总书记曾深刻指出，重视家庭，传承家庭传统美德“是支撑中华民族生生不息、薪火相传的重要精神力量，是家庭文明建设的宝贵精神财富”①。因此，在新时代传承和发展中华优秀传统文化，就要将尊老爱幼、诚实友善、勤俭持家、家和万事兴，“爱子，教之以义方”等传统精华融入新时代家庭教育，通过塑造良好家风、制订家训及家规等感染教导家庭成员，营造相亲相爱、互敬互重携手并进的和睦温馨的现代家庭。家庭是孩子成长和生活的第一环境，家庭教育、家庭环境与家庭文化氛围对孩子的后天养成是潜移默化的，在家庭的日常生活中要善于以优秀传统文化中蕴含的传统美德、价值理念等进行良好的家庭文化浸润和成长教导，才能培养青年形成正确的价值观念、良好的道德品质，形成礼敬传统文化的自觉，主动积极地学习、研究、运用优秀传统文化，与学校教育形成合力，为社会文明、社会风气建设注入正能量。

① 习近平. 在会见第一届全国文明家庭代表时的讲话[EB/OL]. (2016－12－15)[2022－01－05]. http://www.xinhuanet.com/politics/2016－12/15/c_1120127183.htm.

2.将优秀传统文化融入现代社会建设

马克思说："人们的观念、观点和概念，一句话，人们的意识，随着人们的生活条件、人们的社会关系、人们的社会存在的改变而改变。这难道需要经过深思才能了解吗？"①这深刻指出了社会存在和社会环境对人们思想意识的深远影响。中华优秀传统文化作为延续数千年，深深根植于中华民族精神血脉中的基因，其中很多价值理念思想已经成为百姓的思维习惯和行为习惯，蕴含的深邃思想精华为我们破解当今社会现代化过程中遇到的问题提供了诸多积极的启示。将诚信立业、见利思义、天下为公等智慧延续和运用到当前的社会经济生活、生产生活、社交生活之中已经成为当今时代提升公民道德水平，增强民族凝聚力、向心力，积极培育社会主义核心价值观的重要途径。继承和弘扬中华优秀传统文化中的思想精华更是实现中华民族伟大复兴目标的重要组成部分。社会是青年成长的现实环境和生活中的"学校"，是学校和家庭都不能脱离的大环境。来自社会的具体而现实的教育往往真实而深刻，具有强大的影响力，可以发挥出学校教育和家庭教育不可替代的作用。青年学生在学校和家庭中接受的优秀统文化教育和思想政治教育最终都要在社会中实践、体验、反馈和调整。因此，还需要加强社会沟通，凝聚社会共识，联合多方面力量，为当代青年大学生传承优秀传统文化、树立传统文化与价值观自信创造有利空间。近年来，在党和国家传承和发展中华优秀传统文化战略部署的推动下，先后涌现了《典籍里的中国》《中国汉字听写大会》《中国成语大会》《中国谜语大会》《经典咏流传》等多个既推进立德树人；又涵养文化的电视节目，在社会各界掀起了传承传统文化，传诵历史经典的热潮，进一步促进各地高校借鉴相应的形式，多维并举推进优秀传统文化浸润校园，引领学生从民族历史文化中凝聚信念和力量。这再次从实践的角度证明了社会环境、社会氛围对高校育人的重要作用。

3.发挥中华优秀传统文化铸魂育人的作用离不开家庭与社会合力支撑

中华优秀传统文化是中华民族共同的财富，其传承、弘扬和发展，也应是包含个人、家庭和社会在内的共同责任。家庭、社会、学校所处的环境及发挥作用各有不同，但相对于学校，家庭和社会环境更具有培育和检验文化

---

① 马克思恩格斯选集：第1卷[M].北京：人民出版社，2012：419—420.

铸魂育人效果的功能，是青年大学生思想文化素养和综合能力的演练场。只有构建好涵盖“家庭—学校—社会”环绕全方位的立体教育模式，才能推动中华优秀传统文化真正深度融入青年成长，既满足当代培养人才的内在需要，同时也保证中华民族精神血脉的赓续前进，为迎接新时代各种挑战，抵御各种风浪，实现伟大奋斗目标提供有力的保证。具体来看，依托高校思想政治教育与家庭沟通联系的渠道，运用搭建多种多样的社会平台，更加有效地激活家庭和社会生活化的环境作为铸魂育人的多维支撑，对增强青年思想、文化、道德、价值观等多方面培育实效性具有重要意义。在新时代，应当以高校思想政治教育为关键环节进一步汇聚资源、整合力量，在家庭、学校和社会三方面形成合力引领学生全面发展。在社会方面，可以通过高校党委、学生工作部（处）、团委、就业处、关工委等部门协调联动，促进社会资源走进校园，拓宽学生的视野，带领学生走出校园走进博物馆、纪念馆，走进具有浓郁文化氛围和历史传承的街道、社区、企业等，走进社区、乡镇、文化事业单位、军队等，构建一个角度多元、参与立体、辐射广泛、影响深远的校外活动体系，增强具有吸引力、说服力的真实体验，激发学生学习的热情和动力。在家庭方面，以高校为主导，以学院为主体，构建多元化的家校沟通联系平台，开设家长开放日，开展青年成长反馈调查等，由学校提供助推力，带动家庭融入青年成长支撑体系，进而实现中华优秀传统文化以文化人、以文育人的系统推进。

中华优秀传统文化融入高校思想政治教育的实践模式归根结底就是要贯通当代青年学生的整个真实的生活世界，构建好覆盖和贯通这个生活世界的实践模式是中华优秀传统文化有效发挥育人效能的重要支撑。但现实中，这个现实生活世界牵涉诸多复杂的因素，存在一些尚未解决的矛盾和冲突点，时而会出现一些负面事件。同时，在网络高度发达的今天，家庭、高校、社会、国内外环境等时时刻刻存在着相互影响和渗透，一些不良的信息、事件极易对青年的思想产生负面影响，对高校巩固持续稳定的育人效果形成挑战。因此，这也是高校思想政治教育实践中最难打通的环节，是实践中的难点和关键点。一方面这有待于高校在不断的研究中实现理论的突破，在实践探索中积累丰富的经验；另一方面也需要国家从顶层设计入乎进一步构建全面系统协调的育人机制，提升全社会弘扬中华文化的意识，形成“教学为先”的理念，重视对青年一代的言传身教，为实际行动建设良好的社会环境。

五、建立动态反馈机制促进融入的质效不断优化

沿袭精华，与时俱进，破除窠臼，增益创新是民族思想、文化、制度、科技等传承发展的有效途径。经过历史的锤炼与积淀，因革损益、革故鼎新也成为中华优秀传统文化中具有代表性和时代价值的思想精华，对促进优秀传统文化有效融入高校思想政治教育具有深刻意义。

中华优秀传统文化“积淀着中华民族最深沉的精神追求，代表着中华民族独特的精神标识，是中华民族生生不息、发展壮大的丰厚滋养，是中国特色社会主义植根的文化沃土，是当代中国发展的突出优势，对延续和发展中华文明、促进人类文明进步，发挥着重要作用”①。青年一代在优秀传统文化的没润中成长，有助于他们立足祖国大地与时代方位，清晰感受自身的历史性，坚定地迈向未来。在高校思想政治教育中有效融入优秀传统文化是具有基础性、长期性、系统性的使命与任务。这就要求高校应积极构建能够动态评估优秀传统文化融入思想政治教育的内容、方式、方法、途径等方面有效性的动态反馈机制，从而依据时代与现实的需要，面向未来，革故鼎新，酌古斟今。具体来看，就是要依托当今高度发达的网络科技，运用云计算数字化数据信息处理技术和实景实地调查研究相结合的方式，积极构建覆盖高校内、延伸家庭与社会，贯穿优秀传统文化融入思想政治教育各个方面和环节的、全员全程全方位动态观测评价机制，面向广大教师和青年学生广泛收集对课堂和校园学习体验的评价反馈信息，通过数据信息的分析处理，把握优秀传统文化融入的实际情况、接受程度，总结有益经验，发现问题与不足，从而结合实际，实事求是地予以改进。

在构建这一动态反馈机制的过程中，应当着力做好以下几点。

(1)应当在动态反馈信息采集的范围内围绕思想政治教育的主要方面、核心环节设定核心观测点。例如：在课程教材反馈方面应建立有效机制，通过深入课堂和了解学生对教材知识性、可读性、科学性的真实评价；通过座谈研讨、线上信息采集、云备课等方式与任课教师加强联系，深入沟通，听取教师的意见与建议，召集相关领域专家定期及时对教材进行修订，使教材在教学实践中得到检验和改进，同时也通过教材的改进直接促进教学实践的提升与进步，最终实现二者的良性循环。在课堂教学过程中，我们则要实现对优秀传统文化融入的内容、融入的形式与方法、学生对传统文化的认知及

① 关于实施中华优秀传统文化传承发展工程的意见[N]. 人民日报，2017－01－26

认同情况进行实时采集，以备日后进行育人效果对比和方式方法改进；同时，对教师能力素质、传授引导水平等多项因素也应当进行了解与评价，以帮助教师提升个人素质与教学能力。校园活动和社会实践环节中，应进行广泛的行为观测，思想价值观调查，教学引导实践质量的评估，实践活动形式、内容、实效的评价等，不断从整体上客观、动态地把握中华优秀传统文化融入思想政治教育的质与效，及时发现问题纠正偏差，总结经验吸取教训，以确保优秀传统文化的融入紧紧围绕立德树人根本任务和新时代人才培养目标展开，促进优秀传统文化融入的科学化、系统化，为实现以文化人、以文育人的目标提供实效性与长效性的机制保障。在家庭和社会实践的相关环境中，应建立有效的联动机制，一方面，要让家庭和相关社会单位组织等明晰高校育人目标与内容，拓展传统文化发挥价值的空间、路径、方式，形成协同育人的合力；另一方面要做好反馈信息采集，通过联动反馈机制把控教育质量，逆向追溯查找不足，发挥好高校作为育人主体的核心作用，针对实际情况调整教育实施方案，推进优秀传统文化和思想政治教育的协同创新发展。

(2)应当注重对动态反馈机制运行中收集到的各种信息进行科学、全面、系统的分析。在课程与课堂层面把握传统文化精华与知识理论有机融合；从教学与实践层面把握思想理论武装与价值认同、实践践行的统一；分析教师素质能力、学生的认知认同的变化趋势，寻找相互之间的关系；研究师生间的教学互动，高校、家庭与社会的协调联动机制的完善，提高育人实效性的创新路径等，从多重维度深入地审视和思考动态反馈信息中表达的积极经验与实际问题，进而有针对性地调整传统文化融入的实践。需要注意的是，在运用相关技术进行信息采集也要秉持以人为本的理念，尊重并保护教师和学生在反馈过程中的个人信息安全。

(3)对于动态反馈机制本身，也应当做到因革有序，革故鼎新。无论是观测点，还是信息收集方式和渠道、分析评价指标体系等，都应当灵活动态地予以调整。围绕时代变化、高校教育理论与实践的发展、学生群体的不同特点，以及其他影响教育的实际情况做到适时损益、与时偕行，为教育主管部门和教师客观把握优秀传统文化融入思想政治教育的实际情况，明确改进完善方向提供科学的数据支撑，从而使青年大学生坚定文化自信，成为新时代传承民族精神、弘扬优秀传统文化的有生力量，促进中国特色社会主义文化繁荣昌盛，使高校思想政治教育充分发挥立德树人的重要价值，培养一代又一代德智体美劳全面发展的社会主义建设者和接班人，为社会主义现代化建设贡献力量。

参考文献

[1]陈秉公.思想政治教育学原理[M].北京:高等教育出版社,2006.
[2]陈来.传统与现代:人文主义的视界[M].北京:生活·读书·新知三联书店,2009.
[3]陈来.中华文明的核心价值:国学流变与传统价值观[M].北京:生活·读书·新知三联书店,2015.
[4]陈胜云.文化哲学的当代发展[M].南昌:江西人民出版社,2007.
[5]陈万柏,张耀灿.思想政治教育学原理[M].2版.北京:高等教育出版社,2007.
[6]段妍.比较视域下当代大学生核心价值观培育研究[M].北京:人民出版社,2016.
[7]范英,丁富华.当代中华凝聚力[M].北京:中共中央党校出版社,1998.
[8]费孝通.中国文化的重建[M].上海:华东师范大学出版社,2013.
[9]胡锦涛.高举中国特色社会主义伟大旗帜为夺取全面建设小康社会新胜利而奋斗[M].北京:人民出版社,2007.
[10]胡锦涛.坚定不移沿着中国特色社会主义道路前进为全面建成小康社会而奋斗[M].北京:人民出版社,2012.
[11]中共中央文献研究室.十八大以来重要文献选编:上[M].北京:中央文献出版社,2014.
[12]中共中央文献研究室.十八大以来重要文献选编:中[M].北京:中央文献出版社,2016.
[13]中共中央文献研究室.十八大以来重要文献选编:下[M].北京:中央文献出版社,2018.
[14]习近平.在纪念毛泽东同志诞辰120周年座谈会上的讲话[M].北京:人民出版社,2013.

[15]中共中央文献研究室. 习近平关于社会主义文化建设论述摘编[M]. 北京:中央文献出版社,2017.
[16]中共中央宣传部. 习近平新时代中国特色社会主义思想三十讲[M]. 北京:学习出版社,2018.
[17]中共中央宣传部. 习近平新时代中国特色社会主义思想学习纲要[M]. 北京:学习出版社,2019.
[18]中共中央关于深化文化体制改革推动社会主义文化大发展大繁荣若干重大问题的决定[M]. 北京:人民出版社,2011.
[19]中共中央文献研究室,中央档案馆. 建党以来重要文献选编:一九二一—一九四九[M]. 北京:中央文献出版社,2011.
[20]中国共产党第十九届中央委员会第四次全体会议文件汇编[M]. 北京:人民出版社,2019.